本书获得国家自然科学基金项目（71561018）、2017年度教育部人文社会科学重点研究基地重大项目（17JJD790012）、2020年度江西省研究生创新专项资金项目（YC2020-B018）及南昌大学“双一流”博士点建设专项经费的资助

中部地区农村经济系统重构
——城乡协调发展下的研究

A STUDY OF RECONSTRUCTION OF RURAL ECONOMIC SYSTEM IN CENTRAL CHINA: FROM THE PERSPECTIVE OF COORDINATED DEVELOPMENT BETWEEN URBAN AND RURAL AREAS

徐　兵　章正新　◎　著

经济管理出版社
ECONOMY & MANAGEMENT PUBLISHING HOUSE

图书在版编目（CIP）数据

中部地区农村经济系统重构：城乡协调发展下的研究/徐兵，章正新著．—北京：经济管理出版社，2021.8

ISBN 978－7－5096－8200－5

Ⅰ.①中…　Ⅱ.①徐…②章…　Ⅲ.①农村经济发展—研究—中国　Ⅳ.①F323

中国版本图书馆 CIP 数据核字（2021）第 157352 号

组稿编辑：杜　菲
责任编辑：杜　菲
责任印制：黄章平
责任校对：董杉珊

出版发行：经济管理出版社
（北京市海淀区北蜂窝 8 号中雅大厦 A 座 11 层　100038）
网　　址：www.E－mp.com.cn
电　　话：（010）51915602
印　　刷：唐山昊达印刷有限公司
经　　销：新华书店
开　　本：720mm×1000mm/16
印　　张：12.75
字　　数：212 千字
版　　次：2021 年 9 月第 1 版　　2021 年 9 月第 1 次印刷
书　　号：ISBN 978－7－5096－8200－5
定　　价：78.00 元

总　序

南昌大学是国家“双一流”计划世界一流学科建设高校，是江西省唯一的国家“211 工程”重点建设高校，是教育部与江西省部省合建高校，是江西省高水平大学整体建设高校。2014 年 5 月，南昌大学管理学院成立，学院由管理科学与工程、图书情报与档案管理、信息管理与信息系统三个老牌学科组成。管理科学与工程学科，具有从本科专业、一级学科硕士学位授权点到一级学科博士学位授权点、博士后流动站的完整体系，是江西省“十二五”重点学科。因此，在学科建设方面，管理学院在设立之初就奠定了雄厚基础。

南昌大学管理学院第一任领导班子中，彭维霞书记雷厉风行，涂国平院长沉着稳重。在他们的带领下，管理学院迈入了发展新征程，在教学、科研、社会服务、人才培养等方面均取得了显著成效。2019 年，感谢组织信任、领导推荐和同事支持，本人有幸成为管理学院的第二任院长。感恩于前辈打下的基础，我辈少了筚路蓝缕的艰辛，却多了任重道远的压力；得益于前辈创设的体制，我辈继承了艰苦奋斗与稳健发展的精神，却也感受到了更多对于创新发展的期盼。

当前，管理学院存在规模小、底子薄、知名度不高的问题，南昌大学管理科学与工程学科在学科排名中落后于诸多“985”高校的相关学科。为此，本人时常思考如何推动学院奋起直追、实现跨越式发展，颇有心得。

学科建设是学院发展之本。2017 年，我国开始统筹推进世界一流大学和一流学科建设，南昌大学仅有1个学科入列。管理科学与工程学科，离“世界一流”这一目标还有遥远距离。但是，“双一流”建设为管理学院管理科学与工程学科的发展指明了方向，也带来了机遇。管理学院的追赶式发展，需要以学科建设为抓手，在学科带头人与学科团队建设、科研平台与教学基地建设、高质量和有特色的学科品牌建设等方面做文章、争成效。

学术研究是学院发展之基。学术研究能力是学科发展的硬实力。在学校排名、学科评估、学术资源配置等方面，学术研究成果一直都是关键业绩指标。全面提升学院教师的学术研究能力、专心打造具有国际和国内影响力的高水平科研成果，是管理学院突破话语权壁垒、实现跨越式发展的战略要点。在学院内培养学术意识、推广研究型文化、引导和激励卓越研究成果的诞生，应该始终作为学院科研管理工作的重心。

人才培养是学院发展之魂。高校，是高级人才培养的重要基地。人才培养，包括学生的培养，也包括学者的培养。大学之魂，不在“大”，而在“学”——学生、学者与学术，共同构成了大学。因此，管理学院的未来发展，既寄托在优秀在校生的培养以及优秀毕业生的回馈之上，也寄托在培育大师、培养国家级与省级拔尖人才、引进具有学术追求和研究能力的青年学者之上。学院是全体师生的学院，需要全体师生的共同努力，也希望能够成为全体师生共同成长的沃土。

思想宣传是学院发展之路。南昌大学管理学院一直都在“默默无闻”地发展。然而，作为哲学社会科学的一员，管理学科也理应承担反映民族思维、发扬精神品格、宣传思想文化、服务国家智库、繁荣社会发展的使命。很多高校的经济与管理学院之所以能在学校发展中举足轻重，也正是因为占领了思想宣传和服务社会的高地。南昌大学管理学院，需要领会习近平主席在哲学社会科学工作座谈会上的讲话精神，加强和改进宣传思想文化工作，全心培养“文化名家”、“四个一批”人才和“宣传思想文化青年英才”，在思想宣传和社会服务方面勇创佳绩。

品牌塑造是学院发展之志。高校之间的竞争，不亚于企业竞争，品牌塑造同样是高校之间竞争制胜的重要法宝。南昌大学管理学院，急需在人才培养、学术研究、社会服务等方面提升能力、培育优势、凝练特色、塑造品牌，走差异化发展道路，才有可能“弯道超车”，实现跨越。加强品牌塑造，既需要高水平学术研究成果和大师级学者等硬实力作为支撑，也需要特色、文化、制度改革等方面的软实力提供支持。

正是基于上述考虑，本人在担任管理学院院长之后，开始着手规划和布局，而这套“南昌大学管理科学与工程博士点学术研究丛书”的组织出版，正是学院围绕学科建设、学术研究、人才培养、思想宣传和品牌塑造等目标而实施的一项集体行动。希望能通过丛书出版，加强南昌大学管理学院的学术传播与品牌推广，激励管理学院全体教师的学术研究与成果发表，为南昌大学管理科学与工程学科的建设做出贡献。

在此，感谢南昌大学对管理学院发展的重视，并将管理科学与工程博士点列入学校学科建设的支持项目，学校的经费支持资助了本套丛书的出版；感谢管理科学与工程系师生的辛勤工作与创造性努力，本套丛书所发表的研究成果都是他们学术探索的劳动结晶，是他们的工作促成了本套丛书的顺利出版。

本套丛书包括 15 本学术专著。它们可以归纳为科技创新与知识管理、农业经济与生态管理、系统动力学、物流与供应链管理、政府政策与社会管理 5 个方向。

科技创新与知识管理方向，包括喻登科教授的《科技成果转化知识管理绩效评价研究》、《知性管理：逻辑与理论》，陈华教授的《科技型中小企业协同创新策略研究》，薄秋实副教授的《协同创新的组织模块化过程和创新模式研究》以及余伟副教授的《企业开放式创新的形成机理》。

农业经济与生态管理方向，包括徐兵教授的《中部地区农村经济系统重构——城乡协调发展下的研究》，傅春教授的《绿色发展蓝皮书》，毛燕玲教授的《非营利性农村基础设施融资机制》以及邓群钊教授的《基于承载力的排污权组合分配研究》。

系统动力学方向，包括刘静华教授的《农业系统动力学》和祝琴副教授的《系统动力学建模与反馈环分析研究》。

物流与供应链管理方面，包括徐兵教授的《农产品供应链运作与决策——基于PYO模式的研究》以及谢江林副教授的《资金约束供应链系统分析与决策》。

政府政策与社会管理方向，包括石俊博士的《政府财政支出与经济高质量发展》和曹开颖副教授的《再制造背景下政府政策与企业以旧换新策略研究》。

这5个方向基本囊括了南昌大学管理学院管理科学与工程学科的主要研究领域。我们在硕士与博士的招生与培养、学术团队与学科建设等方面，都主要是从这几个研究方向加以推进。其中，系统工程与系统动力学是南昌大学管理科学与工程学科的特色方向。

欢迎对这些研究方向感兴趣的学者与同行来南昌大学管理学院交流，欢迎对相关领域有需求的企业提供合作机会，欢迎在这些研究方向有发展潜力的青年博士能加入我们的研究队伍，欢迎有志于从事这些方向研究的同学能够报考南昌大学管理科学与工程专业的硕士与博士。南昌大学管理学院将始终秉承开放创新的理念，欢迎你们的交流与指导，也接受你们的批评与指正。

正因为有你们的支持，我相信，南昌大学管理学院会越办越好。

南昌大学管理学院院长

2020年4月20日

前言

党的十六届三中全会提出的“五个统筹”中，城乡协调发展的最终目标是实现城乡一体化，实现城乡共赢发展，最大限度地实现城乡效率和公平，具体体现在城乡人口、城乡经济、城乡一体化、乡村社会、城乡空间、城乡生态环境等方面。基于城乡协调发展部署下的农业是发展国民经济的支柱产业，农村经济是国民经济中必不可少的一部分。在全面完成脱贫攻坚任务后，中央着手实施乡村振兴战略。中部地区积极响应全面建成小康社会，贯彻实施乡村振兴战略，持续平稳地发展农村经济，推动中部地区农村、农户共同繁荣富裕。在宏观指导下，把城乡发展结合起来，保持工业和农业两大部门的平衡增长；在微观经济活动中，农村和城市、工业和农业相互联系、相辅相成，农村与城市之间是职能分工、利益互惠、功能互补、相互作用的，城乡的协调发展便于从根本上解决“三农”问题。中部地区作为农业生产基地，统筹城乡协调发展必不可少，但其中依旧存在城乡居民收入差距较大、公共产品供给不平衡、农村发展缺乏资金投入等问题。中国长期以来的小农经济基本上依赖资本和人力投入实现农业产业的扩大，且往往出现事倍功半的效果。而在重视知识管理、科技驱动的当下，小农户的规模、经济和眼界的局限性制约了小农户对农业技术及组织模式的接触和理解。以农民产业合作社为代表的农业新型经营主体的大量增加和规模化经营，为城乡协调发展下中部地区农村经济系统的重构研究奠定了基础。本书研究城乡协调发展下中部地区农村经济系统的重构。农村经济系统的重构是工业化和城市化快速发展过程中各种因素的相互作用，如农业经济地位的下降与农村经济的调整、农村服务部门的兴起与地方服务的合理化、城乡流动等人口结构调整和社会发展因素健全，是重塑农村社会经济结构的过程。

本书在城乡协调发展视角下对中部地区农村经济系统发展现状进行系统分析与评价，进而基于中部地区农村经济系统的内涵与特征对其作用机理进行理论分析，重点是城乡协调发展下中部地区农村经济系统重构。本书分别从农业技术经济子系统、农村经济组织与运行子系统、农产品物流与供应链子系统三方面进行研究。对农业技术经济子系统进行研究时选用超越对数法（Translog）进行中部六省农业科技进步贡献率的测算，从函数、输出弹性、相互替代等方面分析各种输入因素之间的交互作用。模型考虑农业资本、劳动力投入和自然灾害对计算播种面积的影响，并将人力资本作为隐含变量，通过人力资本其他直接投入要素的影响，分析人力资本对技术进步贡献率的影响。通过数据分析得出中部地区的经济增长主要依靠农业资本投入，与之相应的是依靠资本来推动经济增长的空间正在减少，中部地区有必要扩大农业技术投入，走内涵式发展道路的结论。在针对城乡协调发展下中部地区农村经济组织与运行子系统重构研究过程中，基于农村经济组织作用路径分析，本书对中部地区农村经济组织行为的博弈模型展开研究。分别构建了“公司 + 农户”经济组织的博弈模型及“公司 + 合作经济组织 + 农户”经济组织的博弈模型。针对中部地区农村经济组织与运行系统通过构建系统动力学仿真模型，分析农民经济组织运行系统中的关键变量以及关键变量之间的相关性，以此构建农民合作经济组织发展体系的基础模型，通过基础模型分析进行管理对策生成研究。由此指出制约我国中部地区农业合作组织发展原因，进一步提出加快中部地区农村经济合作组织发展的思路和对策。对城乡协调发展下中部地区农产品物流与供应链子系统进行重构研究中，通过博弈理论分别构建农产品物流选择博弈分析与农产品供应链质量博弈分析。通过引入政府约束机制，构建了政府监管部门、农产品生产加工企业、第三方检测机构之间的三方博弈模型，分析了不同主体策略选择的可能趋势，并提出相应对策与措施。基于上述理论，本书提出“互联网 + 农业”的中部地区农产品物流与供应链系统并进行优化研究，以此提出城乡协调发展下中部地区农产品物流与供应链系统的重构战略研究内容。借助“农业技工贸一体化”的新型农村经济系统模型，对中部地区新型农村经济系统运行进行实证研究，进一步概述我国“互联网＋农业”在农业产业升级中的应用现状与发展前景，由此构建中部农村地区新型农村经济系统运行的保障体系及激励体系。

参与本书编写人员包括：李超（第一和第五章）、章正新（第三章）、卢舒琦（第四章）、胡淑珍（第六章）、欧阳伶（第二章）、乔健（第七章）等。参与项目的其他成员还有涂国平、邓群钊、喻登科等教师和研究生。在此致以衷心的感谢。本书对城乡协调发展下中部地区农村经济系统重构进行了研究，可作为相关研究人员的参考书。本书参考了大量相关文献和著作，引用处尽可能标注，如有未到之处，恳请原谅。因学识和能力有限，有不妥之处，敬请各位读者批评指正。

目　录

第一章

城乡协调发展的历史背景和实践

一、城乡协调发展的内涵和特征

（一）内涵

城乡统筹是党的十六届三中全会首次提出的，是“五个统筹”规划的重要组成部分，目标是实现城乡协调发展。城乡协调发展的定义还不明确，主要是针对城乡一体化、城市化、城乡融合、乡村城市化等方面。

要准确理解城乡协调的概念，就不能局限于“平衡与不平衡”的桎梏。协调与平衡或不平衡是相对的、动态的不同概念，包括职能协调、结构协调和控制机制协调。一是城乡协调发展要及时协调，即要长期稳定可持续发展，避免严重冲击。二是空间协调，即在控制城乡差距、保证整体稳定发展的基础上实现整体效益最大化。城乡协调发展不仅要从制度层面出发，还要注重经济发展要素的水平和城乡关系的水平。

城乡协调发展要朝城乡一体化的方向前进，做到城乡双赢发展、实现城乡效率与公平最大化，具体体现在城乡人口一体化、城乡经济一体化、城乡社会一体化、城乡空间一体化以及城乡生态环境一体化等方面（姜晔等，2011）。

（二）特征

城乡协调发展至少要具备三个特征。首先，实现城乡融合。在城乡协调发展之间，必须充分发挥城乡经济、社会、生态、基本公共服务的优势和作用，以及要素的高度融合和城乡要素的自由流动（Lu et al.，2021）。在城乡资源上，每个市场和服务相互促进，在经济、社会、生态和基本公共服务等方面做到协调发展。

其次，实现城乡共享。为了实现城乡统筹发展，城乡人民必须做到共享改革开放后中国发展的成果，促进公共资源的流动，均衡分配城乡的其他要素，这是一个新的课题。扩大基础服务平等，扩大农村发展空间，增加农民收入，缩小城乡差距，形成城乡共同发展的共同繁荣趋势。

最后，实现城乡一体化。城乡一体化是城乡协调发展的最终目标。城乡统筹发展是城乡作为一个相互依存、相互促进的共同体，城乡居民从整体上统筹规划，从制度设计、体制机制形成城乡一体化发展，促进城乡之间的经济社会生态、基本公共服务、城乡要素融合等（李盼，2018）。

二、国外城乡协调发展的实践及评价

（一）实践

1. 欧盟模式：空间政策 + 农业政策

欧盟国家制定了促进空间一体化进程的空间政策（ESDP、SPESP 和 ESPON），将农村纳入标准区，并借助区域政策和政策工具对农村进行援助（Devvarta，2021）。然而，欧盟国家的农业政策对农村地区的影响很大。区域政策取向主要针对区域和城市，对农村地区影响不大。

对欠发达地区的援助计划和资金是根据区域发展水平制定的，但在实施过程中，扶助资金主要用于城市、工业、就业、教育、卫生等领域，涉及农村改造的较少，农村地区严重依赖城市发展。

为了解决上述问题，欧盟于1988年专门成立了欧洲农村发展委员会，致力于农村发展。该机构在1988年的《农村社会的未来》报告中指出，这些问题必须通过欧盟实施的农村建设一体化来解决。

此外，建立结构基金主要用于农村发展问题。欧洲货币联盟的宪法条约《马斯特里赫特条约》显然将农村发展视为经济和社会一体化的优先任务。农村发展的首要目标是在保证农村多样性的前提下发展农村经济，提高农村人口的生活水平。加大对中小企业发展的资源投入，其次才是发展农村服务质量、环境保护和农村人才培训。

欧盟的农村发展政策包括通过创造就业机会，优化农村地区的社会和经济环境，打破发展的束缚，积极研究和推广新兴技术；加强环境保护，提高服务质量，提高生活质量；保持每个地区的生活质量和文化传统，并保持农村地区的多样性。

结构资金是通过三个渠道确保农村发展的政策工具：一是改善欠发达地区人民生活质量的区域计划。二是通过纵向行动计划优化欧盟农产品生产，构建市场和加工业结构，提高欠发达地区农产品质量，增加农民收入，鼓励当地因地制宜、多元化生产销售。三是“领导”计划，代表着“联系农村各项经济活动”。截至1993年，该计划主要资助根据欧洲联盟和有关农村地区共同拟订的“欧洲联盟全面发展计划”进行的经济活动，目的是确保相互补充和提高农村经济活动的效力。1994～1999年改革后的“领导”计划的重点是提高农村地区的技术创新水平，通过农村发展网络加强管理知识的转让和交流，发展跨国农村发展项目，资助示范项目和评价研究。

颁布有利于促进农民“提前退休”计划的政策，解决土地已开发不适宜再耕种的情况，然后移交给邻近的农场进行综合开发。

2. 东亚模式：日本、韩国模式

（1）日本新农村建设模式。第二次世界大战后，日本提倡中青年劳动力进入城市，农村男性迅速迁移到城市，将老人、妇女和儿童留在农村。针对城乡差异的扩大、城乡疾病的出现和环境的恶化，将城乡关系的调整提上日程，实施两项“新农村建设”，促进农村社会发展。第一次（1956年）主要是为了激发农村农民的生产积极性。在农业基础设施建设的条件下，国家颁布相应政策，提供资金，促进农民合作，提高管理水平。其基本任务有三：一是确定政策行动范围，把村规模控制在900～1000户，促进农民联合经营；二是建立新型农村促进机制，在有政策效果的地区成立乡村振兴组织，弘扬民族精神，凝聚农民智慧，与当地政府部门和组织协商合作，制定实施乡村振兴规划；三是加大对农村建设资金的支持力度，包括农民自有资金、农村金融投入、国家专项补贴和各级政府的配套投入。

1967年，第二次新农村建设运动启动，提出了“经济和社会发展”计划，主要包括：一是提高农业经营现代化水平，加大对耕地基础设施建设的投资；二是改善农村人居环境，把农村建设成舒适宜人的居住空间，开展村级改造，为农民提供共同生活的场所，丰富学校医疗单位，完善农村社会保障，加大投入；三是提高农村工业化水平。1976年，日本颁布了《农村工业促进法》，鼓励城市工业向农村转移，为农民提供就业机会。

（2）韩国新农村建设运动的模式。韩国前两个五年计划的重点是发展出口导向型经济，解决工农业发展不平衡的问题。第三个五年规划提出了“工农业协调发展”和“农水产业发展”。1970年，韩国政府开始实施“新村运动”，不仅改善了农村人民的衣食住行条件，而且加大了对医疗和教育的投入，缩小了城乡居民生活水平的差距。主要措施有：一是加大基础设施建设，国家、地方政府和农民共同投入，改善农村落后状况，建设农田水利设施；二是规划建设特色农业区，如蘑菇生产区、苹果生产区等经济农业生产区；三是推广农业技术和生物技术；四是提高农村产业化水平，促进农民发展畜牧业和农产品，对工业农业和特色农业提供财政补贴，积极发展农村保险产业；五是发展农村非政府组织，提高农村生产生活效率。

3. 北美模式：以美国为例

第二次世界大战前，大量人口聚集在城市，东北地区出现了少量的人口集群和产业集群。少数人掌握了大部分农业土地，城乡发展差异体现在明显区别的空间形态上。第二次世界大战后，出现了“城市病”，产业结构失衡，贫富差距拉大，犯罪率上升，地价飙升。然后汽车普及，高速公路网络的建设使郊区的吸引力增加，郊区开始构建大规模的商业中心，并且制造业转移到城市郊区以及城市边缘地区工业园区的位置（Tang et al.，2020）。“逆城市化”的趋势促进了城市资源向农村的流动。都市圈的出现是以空间结构由单一中心向多个中心的转变为特征的。城市等级体系趋于合理，传统农村地区被纳入大都市辐射圈，成为小城市。

4. 拉丁美洲模式

拉丁美洲工业化城镇化的发展模式促进了工业和服务业在一些大城市的集中。农民自发地聚集在城市，土地等各种资源迅速被少数人控制。在不受控制的城市化进程中，国家人口分布极不均衡，加剧了区域不平衡。政府将更多的资金投入城市，改善城市公共设施，增加公共产品供给。这些措施进一步加剧了城乡差距，更多的人聚集在城市。结果，城市不堪重负，大量失业的人涌了出来。失业人口住在城市的偏远角落，形成了贫民窟，社会问题比比皆是，如抢劫（孙铮，2015）。

（二）评价

1. 城乡一体化是经济发展到特定阶段的产物

作为国家或地区经济发展在一定阶段的产物，政府为促进城乡关系的协调发展，出台了“工业反哺农业、城市支持农村”的政策。政府通过提供优惠政策和资本投资来加速生产要素向农村流动。城乡一体化的过程具体表现为空间一体化、经济收入水平均等化、公共服务均等化和城乡居民权利均等化。由于东亚的民俗风俗等特殊国情以及国家的出口导向型发展战略，东亚国家的城乡一体化比较明显。

2. 城乡关系的发展模式应因地制宜

应积极吸取各国的历史经验教训，不同地区均根据实际情况选择恰当模式，即使是失败的案例也值得我国借鉴的经验教训来解决城乡关系问题。土地、人口、资源、经济战略和城市体系等因素都决定了不同城乡发展不可能有标准答案。而且可以从区域和城乡的更广角度来综合考虑城乡发展，避免片面看待问题。

3. 城乡关系需要进行全面调整，应加大管理体制创新的支持

从各国的历史经验不难看出，城乡关系的协调不能畏惧对运行已久的城乡分割制度“动刀子”，并且在制度化改革过程中要注意制度的相互联系和匹配，以确保城乡关系的顺利调整。

4. 要鼓励公众参与城乡关系的调整

城乡关系不仅需要政府力量的干预，而且需要人民都投入其中，发挥农民的智慧和创造力，并鼓励群众参与。项目的设计、实施和评估都可以将公众纳入。此外，应支持非政府组织的发展，使它们能够成为城乡关系协调的主要机构之一。

三、我国城乡协调发展的历史背景

城乡关系作为社会生产力发展的产物。当社会生产力达到一定水平，城市诞生，相互作用、相互影响和相互制约的城乡关系随之出现，其主要围绕在一定社会经济条件下政治、社会、经济以及阶级关系等因素下城市与乡村的关系（郑晓欣，2016）。我国城乡关系主要经历了以下几个阶段：

1. 城乡二元结构阶段

中华人民共和国成立后，由于特殊国情影响，我国主要集中发展重工

业，加快推进工业化进程，因此城乡分工明确。集体经济体制和计划经济体制将城乡差距进一步拉大，城乡生产生活水平迥异。城市在工业化影响下生活水平逐渐提高，但农村基本没有工业化痕迹，主要从事第一产业，效率低、产值低。城市在政治、经济、文化等领域占据绝对主导地位，城市二元结构明显。

2. 城乡转型阶段

改革开放后，农村土地制度改革，大量农村劳动力从集体土地生产中解放出来进入城市务工，加大了城乡要素流动，快速发展的城市也提供了大量工作机会，城市区域扩大，城市边缘开始出现工业区与居民区甚至卫星城出现。此时，城市仍在城乡关系中占主导地位，农村对城市依赖性增加。

3. 城乡一体化阶段

城乡一体化是城乡转型的产物。在中心城市的要素向外扩散的情况下，出现了郊区城市化以及农村城市化。城乡联系日益紧密，城乡之间协调共同发展进入了城乡一体化的高级阶段。

如今我国正处于城乡一体化的阶段。需要不断协调城乡关系来促使一体化发展，构建城乡相互促进、相互依存的关系体系，实现城乡之间各种要素高效流动，优化产业结构，引导城乡均衡发展。

四、我国城乡协调发展面临的问题与挑战

中国社会主义现代化建设的成果要做到造福全国十亿人口特别是农村人口。农村人口占人口的很大比例，必须更加公平地享受经济快速发展的成果。近年来，农村居民的人均收入有所增加，但与城镇居民的收入相比还有很大差距。在社会经济发展的过程中，城乡矛盾突出且加剧，而最明

显的是：导致城乡二元结构体系分离的现象依然存在、长期的生产要素市场分割、区域发展失调、差距扩大、产业结构失衡、农民工问题突出以及资源和环境受多方面因素的制约（韩丽英，2016）。

（一）城乡生产要素市场长期分割

在我国建设社会主义市场经济的过程中，市场机制逐渐成为资源配置的主要制度。当前，城乡之间的市场机制长期被撕裂，社会主义新型城乡关系的建设不能仅靠政府的投入来完成。城市资源向农村流动要求市场机制的高效率，城乡市场的分割导致农民无法作为市场参与者进入市场，在获得生产要素时没有受到平等对待。因此，要打通工业反哺农业、城市支持农村的重要渠道，就必须打破城乡市场分割，发展统一的城乡市场。在改革开放之前，由于计划经济体制的制约，城乡生产要素的流动完全被政府控制，长期处于相对分离的状态。改革开放后，城市和农村市场的资源配置变得强大和高效，因为城市对资源要素有强烈的虹吸效应，但由于不完善的市场机制，同样很长一段时间农业生产要素如土地、林地、宅基地不能进入交易市场。由于农民生产经营分散，再加上农村基础设施落后，农产品不具备市场竞争优势，农村的生产要素往往被城市资源挤出。城乡生产要素分离不利于农村经济社会发展，增加了农村建设成本，使农村发展长期依赖于城市，农民不能平等参与市场活动，导致了城乡收入差距的不断扩大。因此，建立新型城乡关系的内在机制是市场体制的创新，其目标是打破城乡生产要素的市场流动障碍，在等价交换的基础上保证农民收入。

（二）城乡分离制度依然存在

不合理的制度体现了城乡二元结构的存在，最基本的是城乡户籍制度，户籍制度把人分为城市人口和农村人口。此外，在教育、住房、工作、社会保障等方面，城镇居民比农村居民享有更大的优势。即使农民进入城市工作，在医疗、教育和户籍制度的影响下，农民也不能像城市居民那样享受改革和发展的成果。在政治制度上，城乡居民在户籍、医疗、住房、教育、土地等制度上的差异在社会发展中不断显现。政府希望农民及其亲属在城市工作，并有归属感，但对社会保障的限制是巨大的障碍。从思想上讲，农民工在城市里没有主人翁的地位，也很难得到尊重。他们总是处于主流之外，思想变化缓慢。然而，随着社会发展过程中城市建设的加快，农民工对于城市的发展和建设是必不可少的。随着越来越多的农民工涌向城市，资源和社会环境问题越来越严重，社会矛盾和问题经常发生。

当前，我国城乡建设取得了很大进步，但中部地区经济社会发展还不完全协调。在城市建设中，盲目贪婪和低水平建设重叠现象十分严重。随着城乡二元结构的存在，各种资源要素不断出现在城市中，但这些资源要素并没有顺利引入农村，以支持农村建设。城市同质性强，缺乏有效的互补性，导致恶性竞争和严格的地方保护主义和城市保护主义。特别是市区和县，缺乏统一有效的发展规划。因此，在城镇化进程中，区域发展不平衡十分严重，差距越来越大，没有朝着协调发展的方向进步。2000 年以来，中国通过支持农业发展、提高农村经济水平和农民收入，缩小了差距。然而，由于城乡发展不平衡，城乡差距过大的问题并未得到解决，政策实施效果仍不明朗。农民在收入、医疗、社会保障、教育、服务和其他福利方面仍然远远落后于城市居民。由于经济落后，农民的生活质量、物质文明和精神文明建设、生产质量都远远落后于城市居民。

（三）城乡产业结构失衡

由于城乡二元经济结构的长期影响，城乡产业发展差距明显。农业生产仍以小规模分散为主，生产规模小、机械化程度低、农业人口多、农业生产产量相对较低。相反，城市市场需求强劲、基础设施完善、交通便利已成为代表工业的现代工业中心。城乡之间的巨大差距导致了城乡工业经济发展的巨大差距，城乡之间市场地位的不平等加剧了城乡之间产业结构的不平衡。由于农村实行集体所有制，许多生产要素不以市场价格进行交易，实际上限制了农村在市场经济整体环境中的发展。此外，许多农用地产权不清，限制了农村产业发展的利润空间，缺乏产业结构调整的动力和持久力。由于制度、地域划分、技术、意识、文化等方面的差异，工农业产品流通存在诸多障碍，城乡尚未形成完整的市场体系。而且，由于市场经济规律和马太效应的影响，落后地区正变得越来越落后。

（四）农民工迁徙城市问题凸显

随着城市化的不断发展，越来越多的农民涌向城市，大量农民的迁移使得城市问题更加突出。

所谓农民工，实际上是在城市从事非农业经营的农村户籍人员。农民工也是中华人民共和国的公民，但他们在医疗、就业和教育等社会保障改革方面享受着与城市居民不同的福利。2011～2015年，农民工总人数逐年增加（见表1－1）。农民工占中国总人口的比例稳定在20%左右，并逐年小幅上升。2015年，全国农民工总数为27747万人，占全国总人口的20.19%。随着城乡二元结构的日益突出，农民工逐渐适应了自身的二元身份。显然，他们在城市工作，但实际上，他们在就业和医疗保健方面受到不平等待遇。由于城市容量的限制以及城市在管理和制度上的自我保护，大多数农民工都在为城市做出贡献，但他们却无法融入城市生活，享受与城市居民相同的福利和待遇，农民工已然成为城市的边缘人群。

表1－1　2011～2015年农民工增长情况

项目＼年份	2011	2012	2013	2014	2015
农民工总量（万人）	25278	26261	26894	27395	27747
人口总量（万人）	134735	135404	136072	136782	137462
比值（%）	18.76	19.39	19.76	20.03	20.19

资料来源：历年《中国统计年鉴》。

由于户籍的限制和农民工工作性质的相似性，导致市场竞争力不足，收入偏低，农民工的正常生活难以得到保障。他们在日常生活中很难得到尊重，经常被忽视或歧视。在某种程度上，他们是“二等公民”，吃、穿、住、行处于社会的最底层。这些都凸显了社会的二元性。一方面，城市农民工的收入增加了，这在一定程度上有利于农村的繁荣和发展；另一方面，由于大量的年轻农民工进城务工，农村社会出现了许多新的问题。首先，由于大量的人口外流，这些村庄变得更加空心化。其次，中青年劳动力大量流失，许多老人和儿童得不到照顾，农业劳动力的缺乏影响了农村农业的正常生产和粮食收入的增加。此外，农民工子女上学困难，社会发展机会有限。农民工子女的生活和教育问题也值得特别关注，但这一问题长期以来没有得到有效解决。这进一步深化了城乡二元结构的发展趋势，不利于农村发展和农业技术创新。

（五）资源环境多重制约，区域发展不平衡

我国城市规模不断扩大，城市化总体水平不断提高，但同时给城市带来巨大的资源和环境压力，给城市管理带来困难。近年来，我国城市化进程不断加快，城市化率已超过50%。城市人口的快速增长和城市规模的扩张将对社会经济、自然和生态环境造成巨大的破坏，并引发许多冲突。就城市化本身而言，城市化带来了人口和工业的集中，同时不断挑战着城市的能力。在任何一个城市，环境和资源都是有限的，所以城市人口的规模也是有限的。然而，在快速的城市化进程中，大量的人口涌入城市，我国长期城镇化发展结构不完善，资源环境日益恶化，许多城市资源枯竭，陷入发展困境。此外，对于传统历史文化以及资源的保护也限制了城市发展的规模。考虑可持续性等方面，在保护城市历史、文化和生态环境的同时，将在短期内限制经济和社会的发展。在各种资源和环境的制约下，城市化和发展必须转变思维方式。针对当前严峻的发展形势，在经济、社会、资源、环境等方面都树立可持续发展的理念。

城市可持续发展强调城市建设的整体性、长期性和稳定性。为了有效

整合资源，充分发挥集群效应，以大城市为中心的城市群开始出现。随着城市化的快速发展，城市之间的联系不断加强，形成了以中心城市和省级城市为中心的发展趋势，城市群的发展特征逐渐显现。地方城市的快速发展是城市群发展的重要特征。同时，它将是当前和未来很长一段时间内促进城市化和社会发展的另一种重要形式。虽然我国城市群的发展相对缓慢，但发展速度非常快。在这些新的经济增长势头的背景下，区域发展正在逐步形成。长江三角洲、珠江三角洲和京津冀城市群是中国发展最快的三个城市群，它们是当前经济发展的中心力量和发展方向，也是国家经济发展的主要方向。由于原有规模、发展基础、新的发展环境等问题，城市群体差异较大。总体来说，不同行业、不同地区的发展不平衡阻碍了中国经济社会的持续健康发展，必须付出巨大的努力来解决这个问题。

五、中部地区城乡协调发展评价

我国中部六省包括湖南、湖北、江西、河南、安徽、山西，到 2017 年底，中部地区土地面积约 102.8 平方千米，人口约 3.68 亿，GDP 约 17.94 万亿元，人均 GDP 约 4.87 万元。

中部地区城市化、工业化进程相对滞后，城市与工业对于农村和农业的驱动力不足，导致中部地区城乡协调发展水平远远落后于我国东部地区。中部地区城乡协调发展水平评价有利于了解发展现状，合理规划发展路径，是实现中部地区城乡协调发展和城乡一体化的前提，是提高我国综合发展水平的重要环节。

（一）指标体系与研究方法

基于系统性、全面性、可比性、可行性等原则，结合中央农村工作会议提出的实施乡村振兴战略的总要求，即“产业兴旺、生态宜居、乡风文明、治理有效、生活富裕”，并借鉴相关研究成果，本书从经济、社会、公共服务三方面（二级指标）分别建立刻画城市系统和乡村系统发展水平的综合评价指标体系（见表1－2）。城市系统包含15个三级指标，分别是第二和第三产业产值占GDP之比（X_1）、城镇社会消费品零售总额（X_2）、城镇固定资产投资额（X_3）、货物周转量（X_4）、城市居民年人均可支配收入（X_5）、城镇就业人数（X_6）、城镇登记失业率（X_7）、城镇居民家庭平均每百户年末计算机拥有量（X_8）、城市燃气普及率（X_9）、研究与试验发展（R&D）经费支出（X_{10}）、城镇居民最低生活保障人数与城镇人口之比（X_{11}）、城镇职工基本医疗保险参保人数（X_{12}）、公共图书馆个数（X_{13}）、城市污水处理率（X_{14}）、教育经费（X_{15}）；乡村系统包含12个三级指标，分别是第一产业产值与GDP之比（X_{16}）、乡村社会消费品零售总额（X_{17}）、农村固定资产投资额（X_{18}）、农村居民消费价格指数（X_{19}）、农村居民纯收入（X_{20}）、乡村就业人数（X_{21}）、农村用电量（X_{22}）、农村基础教育生均教育经费支出（X_{23}）、农村居民人均消费支出中教育文化娱乐支出比（X_{24}）、农村居民最低生活保障人数与农村人口之比（X_{25}）、每千人农业人口乡镇卫生院床位数（X_{26}）、农村卫生厕所普及率（X_{27}）。

其中，城镇登记失业率（X_7）是城镇登记失业人数占城镇从业人数与城镇失业人数之和的比率；研究与试验发展（R&D）经费支出（X_{10}）指统计年度内全社会实际用于基础研究、应用研究和试验发展的经费支出；农村基础教育生均教育经费支出（X_{23}）指地方农村小学生均教育经费支出与地方农村初中生均教育经费支出之和；农村卫生厕所普及率（X_{27}）指使用符合卫生厕所的基本要求，具有粪便无害化处理设施、按规范进行使用管理的厕所的农户数占总农户数的比率。

常用综合评价方法包括主成分分析法、层次分析法、聚类分析法、熵值法等。其中，主成分分析法针对指标间可能存在相关关系，利用“降维”的思想将多个变量重新组合成新的少数互相独立的综合变量，并尽可能多地反映原来变量的信息。主成分分析法不仅可消除评价指标之间的相

表 1－2　中部地区城乡协调发展度评价指标体系

目标层	准则层	指标层	单位	属性
城市系统	经济	第二和第三产业产值占 GDP 之比（X_1）	%	正向
		城镇社会消费品零售总额（X_2）	亿元	正向
		城镇固定资产投资额（X_3）	亿元	正向
		货物周转量（X_4）	亿吨/千米	正向
	社会	城市居民年人均可支配收入（X_5）	元	正向
		城镇就业人数（X_6）	万人	正向
		城镇登记失业率（X_7）	%	逆向
	公共服务	城镇居民家庭平均每百户年末计算机拥有量（X_8）	台	正向
		城市燃气普及率（X_9）	%	正向
		研究与试验发展（R&D）经费支出（X_{10}）	亿元	正向
		城镇居民最低生活保障人数与城镇人口之比（X_{11}）	%	正向
		城镇职工基本医疗保险参保人数（X_{12}）	万人	正向
		公共图书馆个数（X_{13}）	个	正向
		城市污水处理率（X_{14}）	%	正向
		教育经费（X_{15}）	亿元	正向
乡村系统	经济	第一产业产值与 GDP 之比（X_{16}）	%	正向
		乡村社会消费品零售总额（X_{17}）	亿元	正向
		农村固定资产投资额（X_{18}）	亿元	正向
	社会	农村居民消费价格指数（X_{19}）	/	逆向
		农村居民纯收入（X_{20}）	元	正向
		乡村就业人数（X_{21}）	万人	正向
	公共服务	农村用电量（X_{22}）	亿千瓦时	正向
		农村基础教育生均教育经费支出（X_{23}）	元	正向
		农村居民人均消费支出中教育文化娱乐支出比（X_{24}）	%	正向
		农村居民最低生活保障人数与农村人口之比（X_{25}）	%	正向
		每千人农业人口乡镇卫生院床位数（X_{26}）	张	正向
		农村卫生厕所普及率（X_{27}）	%	正向

关影响，减少指标间的信息重叠，而且可根据指标自身影响力确定权重，是一种客观赋权方法，可避免人为主观判断的不规范和不确定性。

因表1－2所建指标之间具有一定相关关系，故利用主成分分析法及SPSS 19软件测算中部地区城、乡协调发展水平。协调度是指系统或系统内部要素之间在动态发展过程中彼此和谐一致的程度，是评价协调状况好坏的定量指标。结合物理学中“耦合”的概念，借助容量耦合系数模型，构建计算系统间耦合度及耦合协调度模型，测度中部各省城乡发展的协调度。具体步骤如下：

（1）逆向指标正向化。将逆向指标X_7（城镇登记失业率）和X_{19}（农村居民消费价格指数）取倒数，使其正向化；其他正向指标保持不变。

（2）原始数据标准化。由式（1－1）计算指标值与平均值的差除以方差得到标准化矩阵Z。

$$Z_{ij}=\frac{x_{ij}-\bar{x}_j}{S_j}\quad(i=1,\ \cdots,\ n;\ j=1,\ \cdots,\ m)\qquad(1-1)$$

其中，$\bar{x}_j=\frac{1}{n}\sum_{i=1}^{n}x_{ij}$，$S_j^2-\frac{1}{n-1}\sum_{i=1}^{n}(x_{ij}-\bar{x}_j)^2$。

（3）计算相关系数矩阵。由式（1－2）计算相关系数r_{ij}，得到相关系数矩阵$R=(r_{ij})_{n\times n}$。

$$r_{ij}=\frac{1}{n-1}\sum_{k=1}^{n}Z_{ki}Z_{kj}\quad(i=1,\cdots,n;j=1,\cdots,m)\qquad(1-2)$$

（4）计算特征根及特征向量。求解特征方程式（1－3），得到特征根$\lambda_1\geqslant\lambda_2\geqslant\cdots\geqslant\lambda_n\geqslant0$，特征向量$I_j=(I_{1j},\ \cdots,\ I_{mj})$。

$$|R-\lambda I|=0\qquad(1-3)$$

（5）确定主成分个数。根据累计方差贡献率达到80%的原则，确定主成分个数。

（6）计算综合得分。若确定主成分个数为l，第p个主成分贡献率为$Q_p=\frac{\lambda_p}{\sum_{j=1}^{m}\lambda_j}$，则依主成分得到第j个评判对象的综合得分为：

$$y_j=\sum_{p=1}^{l}Q_p\times y_{pj}\qquad(1-4)$$

其中，y_{pj}为第j个评判对象的第p个主成分。

（7）调整得分。因主成分得分有正有负，使用式（1－5）所示功效系数法对得分进行调整。

$$f_j(x)=0.1+0.9\times\frac{F_j-F_{min}}{F_{max}-F_{min}},\ g_j(x)=0.1+0.9\times\frac{G_j-G_{min}}{G_{max}-G_{min}} \quad (1-5)$$

其中，F_j和G_j分别为评判对象j城市系统和农村系统的综合得分，所有评价对象城市（农村）系统综合得分的最大值和最小值为F_{max}（G_{max}）和F_{min}（G_{min}）；$f_j(x)\in[0.1,1]$和$g_j(x)\in[0.1,1]$，分别为评判对象j城市系统和农村系统调整后的综合得分。

（8）计算耦合协调度。由式（1－6）和式（1－7）分别计算中部各省城市系统和乡村系统的耦合度及耦合协调度。

$$C_j=2\times\sqrt{\frac{f_j(x)\times g_j(x)}{[f_j(x)+g_j(x)]^2}} \quad (1-6)$$

$$D_j=\sqrt{C_j\times T_j} \quad (1-7)$$

其中，$C_j\in[0,1]$为评判对象j的城市系统和农村系统耦合度，当$C_j=0$时表示系统间呈无序状态，$C_j=1$表示系统间呈有序发展状态。$T_j=af_j(x)+bg_j(x)\in[0,1]$，a和b为权重，满足：$a+b=1$。从协调发展角度，城市系统和农村系统同等重要，本书取$a=b=0.5$。$D_j\in[0,1]$为评判对象j的城市系统和农村系统耦合协调度。

（9）中部各省耦合协调度的判断。借助廖重斌（1999）的耦合协调度等级划分标准（见表1－3）确定中部六省的城乡耦合协调水平。

表1－3　耦合协调度等级划分标准

D_j	0.00～0.09	0.10～0.19	0.20～0.29	0.30～0.39	0.40～0.49
协调类型	极度失调衰退	严重失调衰退	中度失调衰退	轻度失调衰退	濒临失调衰退
D_j	0.50～0.59	0.60～0.69	0.70～0.79	0.80～0.89	0.90～1.00
协调类型	勉强协调	初级协调	中级协调	良好协调	优质协调

（二）中部地区城乡协调评价的实证分析

收集数据，利用所构建的指标体系，按照上述评价步骤，从2001～2015年分年度测度中部六省（山西、安徽、江西、河南、湖北、湖南）城乡系统的耦合协调度。

本章原始数据来源于历年《中国统计年鉴》、《中国环境统计年鉴》、《中国教育经费统计年鉴》及中部地区六个省份统计年鉴等。部分缺失数据使用插值法予以补充。由于篇幅限制，仅给出2015年原始数据（见表1－4）。

表1－4　2015年中部地区城乡系统原始数据

指标＼地区	山西	安徽	江西	河南	湖北	湖南
X_1	53.18	39.09	39.1	40.2	43.1	44.2
X_2	4917.23	7232.34	4915.06	12886.63	11775.38	10883.83
X_3	13744.6	23803.9	16993.9	34951.3	26086.4	24324.2
X_4	3438.55	10402.57	3753.24	7582.38	5908.4	4149.45
X_5	25828	26935.76	26500.12	25575.61	27051.47	26500.1
X_6	712.56	1292.1	1030.62	1839	1935	1691.33
X_7	3.5	3.14	3.35	3	2.64	4.1
X_8	73.14	73.95	73.98	74.44	74.44	77
X_9	97.31	97.55	94.83	86	94.49	92
X_{10}	132.53	431.75	173.18	435.04	561.74	412.67
X_{11}	0.03	0.03	0.04	0.02	0.03	0.06
X_{12}	650.5	763.3	585	1200.7	949.4	818.8
X_{13}	127	122	114	158	112	137
X_{14}	89.2	96.68	87.74	93.6	93.4	92.7
X_{15}	703.62	1045.78	893.01	1638.56	1638.56	1128.54
X_{16}	6.13	11.16	10.6	11.4	11.2	11.5
X_{17}	1116.44	1675.68	1010.44	2853.81	2227.85	1140.14

续表

指标＼地区	山西	安徽	江西	河南	湖北	湖南
X_{18}	329.6	619.3	394.2	709	477.5	720.9
X_{19}	100.7	101.3	100.6	101.2	101.7	101.1
X_{20}	9453.90	10820.7	11139.08	10852.86	11843.89	10992.5
X_{21}	1160.2	3050	1585.16	4798	1723	2288.97
X_{22}	968311	1567500	999196	3210100	1491000	1239142
X_{23}	21364.5	20408.39	18766.58	15413.33	23663.85	18051.02
X_{24}	13.71	9.3	10.4	10.8	11.41	13.17
X_{25}	7.43	3.9	7.66	6.89	6.32	6.11
X_{26}	1.16	1.03	1.14	1.06	1.61	1.57
X_{27}	56	67.1	89.4	75.6	83	74.4

对城镇登记失业率（X_7）、农村居民消费价格指数（X_{19}）取倒数使之正向化，然后对2001～2015年中部六省原始数据进行标准化处理（对表1－4中的2015年数据进行标准化，得到表1－5）。

表1－5　2015年中部地区城乡系统标准化后数据

指标＼地区	山西	安徽	江西	河南	湖北	湖南
X_1	2.01814	－0.39787	－0.12889	－0.51314	－0.41708	－0.56117
X_2	－1.08914	－0.43441	－1.08975	1.16466	0.85039	0.59825
X_3	－1.28871	0.0655	－0.85128	1.56618	0.37277	0.13554
X_4	－0.89677	1.66913	－0.78082	0.63003	0.01325	－0.63483
X_5	－0.96758	0.91117	0.17233	－1.39563	1.10742	0.1723
X_6	－1.44788	－0.25632	－0.79394	0.86812	1.0655	0.56451
X_7	－0.43033	0.21517	－0.21517	0.43033	1.50616	－1.50616
X_8	－1.02598	－0.41094	－0.3884	－0.03925	－0.03925	1.90383
X_9	0.84266	0.89863	0.2643	－1.79492	0.18501	－0.39568

续表

指标＼地区	山西	安徽	江西	河南	湖北	湖南
X_{10}	-1.3422	0.44046	-1.10002	0.46006	1.2149	0.32679
X_{11}	-0.36274	-0.36274	0.36274	-1.08821	-0.36274	1.81369
X_{12}	-0.79602	-0.29001	-1.08985	1.67212	0.54481	-0.04105
X_{13}	-0.07778	-0.36945	-0.83613	1.73059	-0.9528	0.50556
X_{14}	-0.93102	1.37495	-1.38112	0.42543	0.36378	0.14798
X_{15}	-1.21598	-0.33274	-0.7271	1.19746	1.19746	-0.1191
X_{16}	-2.0181	0.39785	0.12864	0.51323	0.41708	0.5613
X_{17}	-1.2817	0.46852	-0.89142	1.01044	-0.38817	1.08233
X_{18}	-0.74947	0.0067	-0.8928	1.59969	0.75331	-0.71742
X_{19}	-1.7906	-0.03819	0.37001	0.00304	1.27366	0.18208
X_{20}	-0.95828	0.46317	-0.63864	1.77797	-0.53496	-0.10925
X_{21}	0.98872	-0.49644	1.23796	-0.25013	-1.47678	-0.00334
X_{22}	-0.39226	-0.89383	-0.46942	-0.77808	1.34396	1.18963
X_{23}	0.76922	-1.82921	0.93853	0.37173	-0.04785	-0.20243
X_{24}	-0.7309	-0.01401	-0.69394	1.95125	-0.10553	-0.40687
X_{25}	1.33152	-1.28407	-0.63166	-0.39441	-0.03262	1.01124
X_{26}	-1.55117	-0.60772	1.28768	0.11474	0.74371	0.01275
X_{27}	0.61298	0.27869	-0.29533	-1.46772	1.41689	-0.54551

对2015年中部地区城市系统标准化数据进行主成分分析后得到表1－6。由特征值和方差贡献率可知，中部地区城市系统中有四个因子的初始特征值大于1且累计方差贡献率（97.12%）大于85%，故可提取四个主成分来表示原有15个指标的信息。

根据因子得分系数矩阵和标准化后的数据值得出四个主成分（F_1，F_2，F_3，F_4）得分，再以四个主成分的贡献率与累计方差贡献率的比值为权重，对四个主成分进行加权平均，计算2015年中部地区城市系统综合得分值。

$$F=\frac{(52.221\times F_1+19.302\times F_2+17.981\times F_3+7.615\times F_4)}{97.12}$$

表1-6　2015年中部地区城市系统主成分特征值及贡献率

成分	初始特征值			提取平方和载入		
	合计	方差贡献率（%）	累计方差贡献率（%）	合计	方差贡献率（%）	累计方差贡献率（%）
1	7.833	52.221	52.221	7.833	52.221	52.221
2	2.895	19.302	71.524	2.895	19.302	71.524
3	2.697	17.981	89.505	2.697	17.981	89.505
4	1.142	7.615	97.120	1.142	7.615	97.120
5	0.432	2.880	100.000			

注：提取方法为主成分分析法。

类似地，利用SPSS软件分别对2001~2015年中部六省城市系统和乡村系统的标准化数据进行主成分分析，通过主成分分析，得到相应的中部六省城市系统综合得分值（见表1-7）和乡村系统综合得分值（见表1-8）。

表1-7　中部地区城市系统综合得分值

年份＼地区	山西	安徽	江西	河南	湖北	湖南
2001	-0.11	-0.47	-0.68	0.91	0.11	0.24
2002	-0.32	-0.3	-0.78	0.13	0.99	0.28
2003	-0.08	-0.28	-1	0.54	0.55	0.26
2004	-0.16	-0.47	-0.92	0.39	0.61	0.55
2005	-0.19	-0.58	-0.73	0.74	0.33	0.43
2006	0.04	-0.15	-0.88	0.9	0.17	-0.08
2007	-0.71	0.11	-0.75	0.3	0.67	0.38
2008	-0.36	0.02	-0.75	0.98	0.12	-0.02

续表

年份＼地区	山西	安徽	江西	河南	湖北	湖南
2009	-0.72	0.27	-0.44	0.83	0.31	-0.24
2010	-0.95	0.36	-0.53	0.67	0.42	0.03
2011	-0.8	0.27	-0.77	0.36	0.61	0.34
2012	-0.74	0.42	-0.82	0.64	0.34	0.17
2013	-0.67	0.44	-0.88	0.56	0.3	0.26
2014	-0.66	0.38	-0.81	0.77	0.32	0
2015	-0.96	0.45	-0.54	0.31	0.55	0.19

表1-8　中部地区乡村系统综合得分值

年份＼地区	山西	安徽	江西	河南	湖北	湖南
2001	-1.24	-0.11	0.07	0.65	0.4	0.22
2002	-1	-0.4	-0.03	0.91	0.5	0.01
2003	-1.29	-0.11	0.15	0.68	0.3	0.28
2004	-1.22	-0.12	0.03	0.71	0.27	0.35
2005	-1.07	-0.26	0.25	0.81	0.11	0.15
2006	-0.69	-0.25	-0.21	1.18	0.09	-0.12
2007	-0.89	-0.23	0.49	0.57	0.21	-0.14
2008	-1.15	-0.34	0.42	0.57	0.27	0.23
2009	-0.39	-0.34	-0.38	1.07	0.17	-0.13
2010	-1.07	-0.38	0.22	0.84	0.43	-0.04
2011	-0.77	-0.46	0.1	0.79	0.46	-0.13
2012	-0.89	-0.52	0.13	0.64	0.42	0.23
2013	-0.44	-0.33	-0.53	1.09	0.29	-0.07
2014	-0.69	-0.35	-0.28	0.72	0.57	0.03
2015	-0.9	-0.2	0	0.43	0.59	0.08

由表1-7可知，中部六省中，河南、湖北和湖南的城市系统得分较

高，处于平均水平以上（正值）；山西和江西的城市系统综合得分较低，处于平均以下（负值），说明这两个省的城市经济、社会、公共服务建设有待加强；安徽的城市系统综合得分由负值（2001～2006年）转为正值（2007～2015年），且得分有增长趋势，说明该省的城市发展水平逐步提高。

由表1－8可知，中部六省中，河南和湖北的乡村系统得分较高，处于平均水平以上（正值）；山西和安徽的乡村系统综合得分较低，处于平均以下（负值），说明这两个省的乡村经济、社会、公共服务建设有待加强；江西和湖南的乡村系统综合得分在2001～2015年时正时负，说明两省的乡村发展水平处于六省中等水平且波动性较大。

（三）中部地区城乡耦合协调度分析

将中部地区城、乡系统综合得分值代入式（1－5），得到经过功效系数法调整后的2001～2015年各地区城乡系统得分f（x）、g（x），再代入耦合度及耦合协调度模型［式（1－6）和式（1－7）］，可得中部地区15年的城乡耦合协调度（见表1－9和图1－1）。

表1－9　中部六省耦合协调度得分（排名）

年份＼地区	山西	安徽	江西	河南	湖北	湖南
2001	0.453（6）	0.611（4）	0.519（5）	1.000（1）	0.833（3）	0.838（2）
2002	0.427（6）	0.602（4）	0.486（5）	0.866（2）	0.948（1）	0.779（3）
2003	0.502（6）	0.759（4）	0.525（5）	0.999（1）	0.953（2）	0.908（3）
2004	0.484（6）	0.688（4）	0.511（5）	0.966（1）	0.944（3）	0.947（2）
2005	0.456（6）	0.553（4）	0.520（5）	1.000（1）	0.840（3）	0.863（2）
2006	0.488（5）	0.618（4）	0.427（6）	1.000（1）	0.740（2）	0.659（3）
2007	0.335（6）	0.756（4）	0.555（5）	0.935（2）	0.939（1）	0.823（3）
2008	0.417（6）	0.716（4）	0.551（5）	1.000（1）	0.826（2）	0.792（3）
2009	0.316（6）	0.545（4）	0.409（5）	1.000（1）	0.747（2）	0.560（3）

续表

年份＼地区	山西	安徽	江西	河南	湖北	湖南
2010	0.316（6）	0.770（4）	0.697（5）	1.000（1）	0.913（2）	0.784（3）
2011	0.316（6）	0.684（4）	0.517（5）	0.957（1）	0.949（2）	0.789（3）
2012	0.350（6）	0.724（4）	0.514（5）	1.000（1）	0.918（2）	0.857（3）
2013	0.432（5）	0.665（4）	0.316（6）	1.000（1）	0.826（2）	0.733（3）
2014	0.369（6）	0.705（4）	0.436（5）	1.000（1）	0.906（2）	0.749（3）
2015	0.316（6）	0.837（4）	0.689（5）	0.938（2）	1.000（1）	0.859（3）

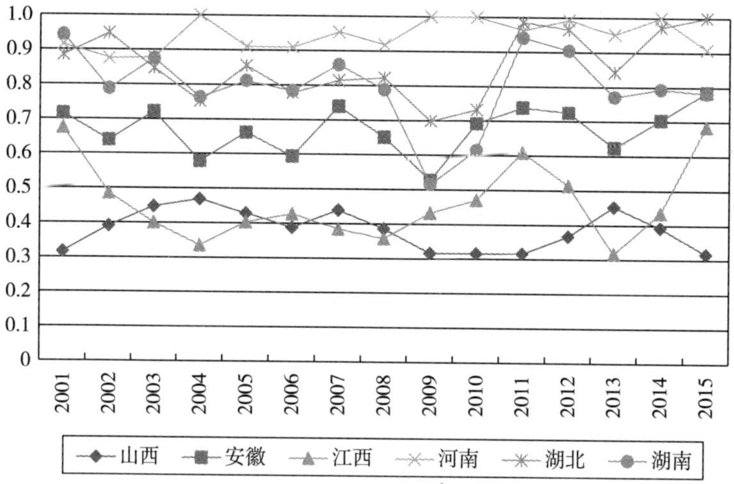

图 1－1　中部六省城乡系统耦合协调度

由图 1－1 可知，河南城乡耦合协调度在六省中最高，2001～2015 年的值都高于 0.8，与剩余五省相比，波动较小，说明河南 15 年城市系统与乡村系统的发展较为一致且稳定。湖北、湖南耦合协调度较高，除 2009 年、2010 年外均在 0.7 以上，实现了中级协调，在 2008 年以前，湖北、湖南耦合协调度曲线时有交叉，城乡耦合协调水平不相上下；2008 年开始，湖北耦合协调度一直略高于湖南。安徽耦合协调度处于 0.5～0.8，实现了初级协调，相对比较稳定，协调发展水平有小幅上升趋势。江西、山西城乡耦合协调度最低，2001~2015 年基本处于失调状态。其中，江西城乡耦合协调度在中部六省中波动最大，大多数年份处于下降状态。

六个省份的城乡耦合协调度在 2001~2015 年的排名进行纵向对比表明：安徽、江西和山西基本处于六省份中的第 4、第 5 和第 6 位，说明三省城乡耦合协调度始终处于中部地区的后列；湖北作为粮食大省、农业大省，在发展城市的同时进行区域化布局，深化农业结构调整，不断加强科技兴农力度，大力进行新农村建设，其排名从 2001 年的第 3 位升到 2015 年的第 1 位，而河南的排名从 2001 年的第 1 位下降到 2015 年的第 2 位；相比周边省份的快速发展，湖南近年来集中发展长沙、株洲和湘潭，其他城市及农村地区发展的落后减慢了湖南整体发展的速度而使得其城乡差距不断扩大，其排名从 2001 年的第 2 位降至 2015 年的第 3 位。可见，从相对动态分析角度，湖北和安徽城乡耦合协调度有所提高，而湖南则有所下降。

由表 1-7 和表 1-8 的综合得分可知：河南、湖北、湖南综合得分相对较高。再对比原始数据表，河南城镇与农村固定资产投资额、社会消费品零售总额是六省中最高的，农村用电量最高，乡村就业人数与总人口之比最高，而城镇就业人数与总人口之比最低，即河南相对其他省份而言有较高比例的人口从事农业生产；但河南的城市燃气普及率和农村基础教育生均教育经费支出最低，说明其基础设施建设有待加强，且其对农村学生义务教育投入过低。湖北农村居民纯收入、农村居民最低生活保障人数与农村人口之比、每千人农业人口乡镇卫生院床位数在六省中处于第一，且城市教育经费、研究与试验发展（R&D）经费支出最高。湖南城镇登记失业率在中部地区最高，其次第二、第三产业产值占 GDP 之比、城镇居民最低生活保障人数与城镇人口之比、城市污水处理率、乡村社会消费品零售总额、乡村就业人员数均较低。

2001~2015 年，山西和江西城市系统得分值均为负，大多数指标对应数据都低于六省均值；而安徽和山西农村系统综合得分基本全为负，低于六省均值。安徽省乡村社会消费品零售总额、农村居民纯收入最低、农村居民最低生活保障人数与农村人口之比、农村用电量、每千人农业人口乡镇卫生院床位数最低。2007 年，安徽城市发展处于六省平均水平以上，但农村的发展却始终处于平均水平以下。江西城镇社会消费品零售总额、城市污水处理率、研究与试验发展（R&D）经费支出、全社会货物周转量最低；乡村系统中，江西每千人农业人口乡镇卫生院床位数在六省中最少。在中部六省的比较中，山西第一产业产值占 GDP 之比最低，而第二、第三产业产值占 GDP 之比最高，城乡产值差距最大；乡村社会消费品零售总额、农村居民纯收入、乡村就业人数与总人口之比最低；农村卫生厕所普及率、全社会教育经费投入、研究与试验发展（R&D）经费支出也最低。

综合来看，各项指标显示各省之间整体城乡系统协调状态相对较为稳定。中部地区的气候条件和丰富资源使得当地农业发达。中部地区劳动力资源丰富，从事农业的人口较多。随着国家乡村振兴战略的实施，中部地区农业走上了产业化经营之路，农业综合生产力得到极大提高，有效改变了农村面貌。但同时也应该看到，截至 2015 年，中部地区整体城乡协调水平还比较低，仍有很大发展空间。

（四）中部地区城乡协调发展分析

通过建立中部地区城乡协调发展水平评价指标体系，对 2001 ~ 2015 年中部地区数据进行主成分分析，结合耦合协调度模型，定量测算中部六省城、乡系统耦合协调度，依据耦合协调度划分标准，实现了对中部地区城乡协调水平的评价。结果表明：主成分分析法与耦合协调度模型结合是测度城乡系统协调度的有效工具。从整体来看，中部地区在过去 15 年整体城乡协调发展水平较为稳定，基本处于中级协调。但六省之间城乡协调度差距较大，并呈现不同特点。其中河南、湖北、湖南城乡发展水平、城乡协调水平均处于平均水平以上，基本属于中级协调甚至优质协调。安徽城市发展水平较高、乡村发展水平较低，江西、山西城乡发展水平都低，三省城乡协调发展水平处于平均值以下，表现为初级协调甚至失调状态，表明三省乡村地区经济、社会、公共服务建设与城市差距较大。湖南、江西城乡协调度波动较大，说明两省15年城乡政策不够稳定，未能重视乡村地区的长久持续发展。因此，在未来的发展中应重视乡村地区多方面的发展，努力提高乡村发展水平，实现城乡较高水平的协调发展。

城乡协调发展是可持续发展的必然要求。中部地区在发展城市经济时，必须保障农村和农民利益，让城市和乡村共享发展成果。同时，城市发展到一定阶段，必然会受到资源限制，通过城乡协调互促发展，可为地方经济发展提供新动力。统筹推进中部地区城乡发展过程中，不仅要注重收入差距的缩小，还应着眼于城乡之间全方位、深层次的协调。通过推动中部地区人口、资本、技术、信息等要素在城乡间的有效流动，促进政策、产业、科技文化、生态建设等各方面的城乡系统一体化，逐步实现中部地区城乡系统在经济、社会、公共服务方面的优质协调发展。中部六省应结合自身情况和特点，找准各自定位和城乡协调发展策略。

山西作为我国重要的煤炭生产基地，煤炭一直是最主要的行业，从而忽视了其他产业的发展，又未能将煤炭所获得财富转化为资源投入到其他行业或用于改善环境、提升教育与科技水平等。在经历了多年的开采后，山西煤炭出现了产能过剩和煤炭资源存量下降、环境破坏等问题。因此，必须限制煤炭开采总量，发展新的特色产业，为山西的发展提供新的发展动力。同时，由于开采煤炭，山西的环境、水、土地资源遭到了破坏，空气质量位于全国倒数，丧失了未来发展的一大基础条件，故不应再一味提高经济水平，环境与经济的均衡发展才能为山西提供持续发展动力。同时农村发展落后，应该大力推动农村经济的发展，鼓励人们到农村创业，促进农村消费及总体发展。

安徽农村发展相对于城市明显落后，应鼓励农村产业发展，通过城乡人口合理流动来实现劳动力的有效配置。安徽可以让工厂、城市中的专业性人才下乡普及专业知识，拓宽农民视野，让其了解先进技术，增强农民创新、创业意识，也可以通过免费或小额收费对农民进行专项技术培训，使其达到上岗水平，促进就业，促进农民收入增长。同时，应健全城乡医疗体系，提升城乡医疗卫生水平，并落实扶贫政策，进行精准扶贫。

江西城乡发展均较为落后。江西人应秉持井冈山精神，充分利用毗邻长江三角洲、珠江三角洲的优势，吸引投资并提高自身核心竞争力。景德镇作为中国第一瓷都，应快速适应消费市场的变化，改良旧工序，满足人们个性化需求。在重点发展城市经济时，不可忽视农村的发展，不能再重复牺牲农村发展城市、牺牲环境发展经济的老路，而应加大农村经济、基础设施、医疗卫生、教育等方面的投入，推动城乡均衡、同步、协调发展。

河南是中部地区人口最多的省份，是我国农产品及食品工业的重要生产基地，第一产业产值、从事农业生产的人口数均居于全国前列。农业的发达使得河南城市与农村的发展差距缩小，但城乡的发展仍有很多不足。在未来的发展中，一方面，应加强基础设施建设，如提高燃气普及率、修建道路、改造电网等；另一方面，应加大对农村教育的投入，减少辍学率，同时定期组织对农村教师的培训，鼓励城市高水平教师下乡培训，进行知识普及。通过扶持农村的教育，为河南的发展培养出更多高水平人才，为经济发展提供原动力。

湖北多项指标均居于中部地区首位，且社会保障、医疗卫生、教育、科技发展均处于领先地位，说明湖北的发展水平在中部六省中较高。应进一步加大文化、教育方面的投入，为未来的持续良好发展奠定基础。同时，应着力发展农村电商，实施“互联网＋农村经济”战略，通过全渠道零售来解决农产品销售问题；并提高农业、农村发展的效率。另外，应特别强调均衡发展，不能一味地发展武汉，而应同时发展宜昌、鄂州、襄阳等城市，推动多个经济发展核心，这样有利于地区之间的发展平衡。

湖南的各项发展均处于中部地区中等水平，既要巩固并提升本省支柱产业发展，又要降低失业率，解决就业问题，帮助失业人员再就业；既要在农村发展当地特色产业，提高农村发展竞争力和经济水平，又要协调城市与农村的发展关系，促进城市资金向农村地区与产业的转移，加大对非农产业和乡镇企业的资金、政策支持，全面实现城乡地区互促发展。

第二章

中部地区农村经济发展现状与系统分析

一、中部地区农业技术水平、影响因素分析与评价

（一）中部地区的农业技术水平

农业技术是推动农业发展的第一动力，常见的农业技术有杂交育种、太空育种，滴灌、喷灌灌溉技术，温室种植技术以及农药、植保等科学技术（Zhang，2021）。近年来我国农业取得的喜人成绩，得益于农业技术的发展。

中部地区指的是包括山西、河南、安徽、湖北、湖南、江西六个相邻省份在内的我国重要的经济腹地，全国26.5%左右的人口生长在这片占据全国耕地面积22.7%左右的土地上。该地区是我国粮食主产区之一，也是农业生产基地之一，近五年来其农业产值均能占据全国农业产值总量的25%。中部地区主要种植小麦、玉米、水稻、油菜、豆类、薯类等，这些作物的大量产出离不开中部地区适宜的自然条件，更重要的是农业科学技

术所发挥的重要性不能被忽视。由于中部地区横跨降水量不同的南北两方，因而中部六省有相同的农业技术，也有富含各自特色的农业发展技术。

1. 选育良种

中部地区占据全国25%的农业产值总量得益于筛选、培育高品质的种子，以及良种的推广和引进。该地区的农户在播种之前会做好选种，到正规的种子市场挑选一些抗病性强、产量较高的种子，购买之后会进行消毒处理，然后才播种，这样就能保证农作物的产量和质量。另外，农户还会培育优良种苗尤其是湖南，因其处于南北过渡之间的亚热带地区，气候多样，地形地貌丰富，使得多种生物物种资源得以保存下来。因而湖南不仅为本省培育优质种苗，更是一个能够培育适宜全国广袤地域的优质多抗的动植物种苗的最佳场所，进而全国各省之间都可以互相引进大量良种。随着经济全球化的不断深入与发展，国内外的贸易、技术、文化等各方面的交流迅速扩大，许多农作物新品种也在逐步引入。例如，玉米、番薯等新品种的引进，经过试种，再大面积推广，有助于中部地区的农作物种植的良好发展。

2. 施肥技术

中部地区现阶段的农业生产十分重视田间管理，尤其是给土壤施肥方面，不断提高人工造肥与施肥技术，如测土配方施肥技术、发展绿肥生产。农户根据农作经验，运用聪明智慧制造出多种天然低成本肥料，混合人畜粪肥与植物工杂肥堆积沤制，把腐烂杂物、灰末垃圾、荷塘污泥、骨粉、豆饼等作为肥料广泛使用。同时，还运用紫云英、黑麦草、豆类胡麻、秸秆还田、秸秆覆盖、秸秆速腐等绿色环保的肥料种植作物。即便是施用化肥，也会挑选对土壤和作物伤害最小的化学肥料，并存储在干燥通风的室内，避免阳光直射，以保证化肥的养分不致流失。在施肥前，还会测量土壤中的营养含量成分，根据各地土壤的实际情况为不同的作物制订合适的施肥计划。农户更是人人深知施肥方法，选用熟肥代替生粪，种植前的基肥选用腐烂干肥，辅以豆饼施肥等。

3. 耕作技术

通过多年的种植实践经验，农户总结出了一系列耕作技术，根据季节、土壤的不同，采取不同的耕、耙、磨、压，以求改善土壤的湿度、水分、透气性、养分等多样指标，再根据不同的作物来选择适宜的土地种植。轮种套种间作技术的大力发展使得农户不断推广小麦、高粱、玉米、谷子等杂粮作物与棉花等经济作物套种、轮种，高粱、玉米、谷子、豆类、薯类、棉花等作物相互间作，以便保持、恢复地力，实现长久可持续发展利用。中耕除草，一是可以保墒，防止水分流失，旱蓄水涝泄水；二是去除杂草，以保证作物从土壤汲取充足养分；三是斩断草根，可减少病虫害，以使农作物健康发育，增产增量。少耕或者免耕，可改良土地物理性状，减少土地水分蒸发，为作物供给更多的水分。深层耕作和松土，可打破土壤坚硬的底部，增加种植层深度，提高土地的含水量与孔隙度，从而改善土壤的透气透水性，进而有利于农作物根系的发育，使其根部长得更长更深更壮，能更充分地汲取养分，最终结出高产穗果。

4. 农机化生产技术

随着经济的繁荣发展，各行各业的科学技术得到突飞猛进的发展，农用器具也在不断朝着现代化、科技化方向发展，中部地区作为全国粮食主产区之一当然也不例外。各式农用工具，包括耕地农具、选种农具、播种农具、栽种农具、破碎碾压农具、锄耕农具、灌溉农具、收割工具等多种农具种类不断增加，用途不断丰富，而且机械化程度也在不断加强。综合播种、施肥，联合收割机等的推广使用，不仅提升了农业机械化水平，更是降低了劳动强度，解放了农村劳动生产力。收割机上加装粉碎装置，可有效地促进秸秆粉碎返田；加装捡拾打捆机械，可高效回收作物秸秆，便于综合利用。中部地区各地政府还出台了农机报废更新补贴政策，不仅有效地推动复式作业技术与农机具的发展，而且实现了农机具的节油降耗。

安徽和湖北更是在重点推广重要农作物生产全程机械化技术。小麦旋耕机条播种技术和配套相关机械器具，油菜机播机收免耕轻型综合技术在安徽得到大力推广，使得小麦、油菜等主要作物从耕地、播种、收割到脱粒的全程机械化水平在不断提高。湖北也在大力推广水稻生产全程机械化技术，还创建油菜生产全程机械化示范作业区，稳步发展马铃薯全程机械化技术。为推动生产全程机械化技术的运用和发展，农户还专门选用适宜机械作业的作物品种，精确控制播种数量，结合农机与农艺高效作业，使得全程机械化作业面积取得了逐年扩大的喜果。

5. 病虫害防治技术

病虫害是影响作物收成状况的重要因素之一，防控不到位，很可能会使前期的劳作成为徒劳一场；一旦防治方法得当，就算发生一些病虫害，也能大大减少农户的损失。为确保作物高产稳产，中部地区各地不断加大病虫害防治宣传与指导力度，以“统一防治，用药达标”为原则带领农户抓好、做好防治工作。农户对于各种作物生长过程中可能发生的病虫害了然于心。播种之前，农户会事先采取预防措施——对种苗喷洒药物，药物的选用也是根据不同病虫害的类型来抉择。另外，随着国家科学技术的不断发展，防治方法不断完善，新型物理防治方法得到推广和使用。例如，根据一些作物的天敌进行物理防治，既防治了病虫害，还能起到保护自然、社会环境的作用，为可持续发展贡献一分力量。

6. 特色农业技术

中部六省中，由于山西和河南的大部分地域地处800毫米等降水量线以北，这两个省份的水资源相对于安徽、湖北、湖南、江西四省比较缺乏，而农业的发展离不开对水资源的大量需求，离不开节水技术的发展。

山西和河南两省因地制宜地将渠系节水和田间节水结合，大力推广各种节水技术。运用较为广泛的成熟技术：利用混凝土、浆砌石、塑料薄膜、土料压实等方法来防渗的渠道防渗技术；用管道替代明渠输水的省时、省力、节水的压低管道输水技术；利用专门系统，通过喷洒装备将水喷射成细小水滴，进行均匀灌溉的喷灌技术；在降水集中的夏季，引用洪水进行灌溉，既增加土壤肥力又能补充地下水的引洪灌溉技术；覆盖秸秆以减少水分蒸发，提供水分利用率的覆盖保墒技术等。还有尚处于起步阶段未来仍需进一步研究推广的技术，如开发处理过的有机工业废水和生活污水作为农业灌溉用水的污水利用技术，以及综合利用雨水技术。

（二）中部地区农业技术的影响因素

1. 政策倾斜

粮食问题、农业生产与国计民生息息相关，国家在政策和财政上都十分重视农业生产，农业农村始终是财政支出的优先保证领域。长期以来政府出台了一系列促进农业发展、保证粮食稳产高产的政策，甚至中央一号文件都成了国家重视农业农村发展的专有名词。

具体的促农政策多种多样，如加大对农业基础设施和科技服务的投资，以减少农民的经营成本；进一步增加对农民的直接补贴，如种粮补贴、良种补贴、农机购置补贴等，推动着选育良种的发展和农机水平的不断提高；提高粮食最低收购价格水平，以保障农户的收入，维持其种植积极性；落实和保障农户的土地权益等（徐晓庆，2020）。这些政策的提出与落实，不仅直接作用在中部地区的农作物收成上，而且推动着中部地区各种农业技术的发展和运用。

2. 自然条件的影响

中部地区处于南北过渡地带，地形多样，气候复杂，适宜作物生长。该地区光热资源丰富，气候温和，雨量充沛，雨热同期。地形地貌丰富，平原、山区、丘陵、湖泊等并存，品质优异。土壤肥沃，大部分土地含有丰富营养，土层深厚。尤其是江西、湖南的大部分，湖北的东南部分布着极具代表性的地带性土壤。这些优越的自然条件，为中部地区培育良种、轮种套种间作、深耕深松等农业技术的运用和推广奠定了天然的发展基石。

中部地区从南至北年降水量逐渐减少，湖北、湖南、江西、安徽四省不仅年降水量相对充足，而且地处水流充沛的长江及其发达的支流流域，还有多个淡水湖泊。如汉江、湘江、赣江以及江西省内的鄱阳湖，湖南省内的洞庭湖，安徽省内的巢湖，这些河流湖泊都为这些省份的农业发展提供了充足的灌溉水源。

山西和河南两省，不仅年降水量相对较少，而且虽有黄河流经，但黄河的水流量仅有长江流量的1/16～1/17，由此可见可利用的灌溉水源相较其他四省更是少之又少。水资源的缺乏，加之农业又是用水大户，使得山西与河南发展出了中部地区的特色农业技术——农业节水技术。

3. 科技推动

“十一五”以来，国家重点发展农业和农村科技，据统计，每年我国有6000多项农业科技成果。中部地区农业技术的不断创新与发展，离不开科学技术的进步与普及。科技是第一生产力，推动着中部地区农业技术的迅速发展，使得传统农业迅速地向现代农业转变。

中部地区坚持把科技作为先导，走科技促农之路，将引进与研发相结合，引进海内外成功的农业发展模式和先进的科学技术，利用科技研发出小麦、油菜、水稻、玉米、棉花等各类农作物的优良品种，如扬麦13号、扬辐麦2号、秦优10号、沣油737、安两优402、金优463等。病虫害防治也不再只是依靠单纯的作业经验，研发出多种新式现代防害工具，远红外线杀虫、智能虫情测报灯、人工智能病虫害监控系统等现代化设备，不仅减少了农户的作业难度，而且大大提高了病虫害防治的成功率。农用工具已从传统的犁、锹、耙、镰刀等器具，运用科技研发升级为旋耕机、松土机、收割机等多种现代化机械化作业工具。

（三）对中部地区农业技术的评价

1. 农户文化水平偏低

和全国的普遍现象相同，中部地区的农户也存在文化素质较低，知识水平有限的问题。受固有观念的限制，加之我国总体的农业水平还未达到国外的现代化、规模化水平，绝大多数有知识和技术的年轻人不愿意从事与农业相关的工作。据统计，中部地区36岁及以上从事农业经营生产的人员占据82.1%，91%的农业经营生产人员只有初中及以下的受教育程度（见表2－1）。

表2-1　农业生产经营人员数量和结构

	全国	东部地区	中部地区	西部地区	东北地区
农业生产经营人员总数（万人）	31422	8746	9809	10734	2133
农业生产经营人员年龄构成（%）					
35岁及以下	19.2	17.6	18	21.9	17.6
36~54岁	47.3	44.5	47.7	48.6	49.8
55岁及以上	33.6	37.9	34.4	29.5	32.6
农业生产经营人员受教育程度构成（%）					
未上过学	6.4	5.3	5.7	8.7	1.9
小学	37	32.5	32.7	44.7	36.1
初中	48.4	52.5	52.6	39.9	55
高中或中专	7.1	8.5	7.9	5.4	5.6
专科及以上	1.2	1.2	1.1	1.2	1.4

资料来源：全国第三次农业普查。

较低的文化素质决定了农户对各种新兴农业技术的了解程度，而且各种新兴农业技术在刚开始推出使用的阶段也存在或多或少的潜在问题，致使多数农户对新兴技术持有谨慎和观望的态度，便保守地投入资金与劳动力。为此，地方农业科研院所和农技企业应定期深入农村，开展技术指导与服务，培养一批懂技术、用技术的新时期农民。

2. 缺乏农技创新人才

中部地区农技创新人才的缺乏表现在：一是农技创新人才总量不足；二是农技创新人才知识深度和广度不够，在这部分科技人员中专科以上学历的占比最高，高层次人才比较稀缺，且较熟悉传统技术，不熟悉信息和计算机技术，难以适应现阶段农业发展的要求；三是农技创新人才中30岁及以下的技术人才非常稀少，年龄构成上普遍偏大，缺乏后继力量。对此，中部地区要加快农技创新人才队伍的建设，从高等院校和企业集团两处着手，既培养理论研究人才又锻炼出应用型技术人员。同时，还可从国内外引进科技创新人才，打造复合型人才。

3. 自主创新能力不强

受科研制度或部分科研人员急功近利思想的影响，只有少数科研人员愿意从事周期长、回报少的基础性研究工作，更多的则选择关注度大、社会热度高的热点热门事项进行研究，以求快速出名。进而导致中部地区缺乏粮食作物的基础性研究，自主创新能力较弱。突出表现为缺少有自主知识产权的核心技术，而重复且技术含量低的科研成果较多。农用机械领域的关键技术也较少，目前所运用的大型机械主要依靠进口。为真正提高农技水平，追上发达国家，始终要坚持技术自主创新，加强技术原始创新、融合创新和模仿创新。

二、中部地区农村组织模式、影响因素分析与评价

（一）中部地区的农村组织模式

占据全国农业产值总量1/4的中部地区的农业产量，不仅得益于农业技术的发展与推广，还与当地的农村生产经营组织化程度息息相关。组织化生产经营不仅可以降低农户生产、生活中的各项成本，而且可以聚拢生产要素，发挥集聚效应，收获规模效益，提高农民收入，改善其生活水平，逐步达到小康，并最终实现农村地区的人与自然的和谐。中部地区的农村组织模式主要有农户自发型、能人带动型、龙头企业型以及部门领办型。

1. 农户自发型

农户自发成立协会建设基础设施，形成“农户 + 协会 + 基地”的合作模式。农户以资金或者以资金与劳动结合的方式入股协会，采取民主式管

理，按股分配收益，共享成果，共担风险。协会可集中资源，将农户的生产地域联合形成种植基地，扩大规模进行专业种植或者养殖，并为农户提高生产前、中、后的服务。农户按照订单进行生产，协会统一采购基地所需生产资料，主要包括种子、肥料、农器等，统一整地、播种、施肥、排灌等生产操作流程。基地的专业化生产，可以保证作物的质量，规避部分市场风险，提高农户在市场流通中的话语权。

2. 能人带动型

以村里的能人大户为纽带，以一带十，十带百地组成“能人大户+农户+协会+基地”的组织模式。首先能人大户学得某种先进的种植技术或者从自己多年的农作经验中总结出了一套完备的种植方法，并发挥自身的带动优势，将自己的种植经验、技术和管理方法教授给同一协会的农户，以点带面式地使同一个村甚至邻近几个村庄都种植同一种作物或者养殖同一种家畜，形成规模化生产经营。协会再利用组织的资金和市场销售渠道为农户疏通产销环节，为各户提供市场前沿变动消息、生产技术指导、联系下游收购方、协助作物收运等。

3. 龙头企业型

龙头企业利用自身优势打造基地，带动农户开展标准化生产，创建出“企业+协会+农户”的合作方式，形成生产、加工、销售一条龙，农工贸一体化的生产经营体系。这种模式可有效解决大市场与农户小生产的问题，龙头企业指导农户按照订单生产，从而降低单个农户分散生产的盲目性，避免了因市场波动给农户造成的损失，保证农户利益，提高农户收入。同时，协会成为企业与农户之间的“桥梁”，提前与龙头企业签订产销合同，在一定程度上引导农户生产，参与产品定价谈判。有了协会的加入，还能降低农户与企业两方的违约行为。

4. 部门领办型

这是由政府部门或者是村委会牵头组织，创建的“政府部门+协会+基地+农户”的组织。有关部门提供人才、设备和场地等资源，协会握有资金和销售渠道优势，强强联合，为农户的生产保驾护航。该种组织模式可以在农户生产前、中、后各个阶段开展技术培训，指导农户购买生产资料、销售作物，提高农户生产的组织化、规范化程度；政府部门还能转变职能，拓宽其工作领域，增加与农户的交流沟通，增强政府服务“三农”的功能。

（二）中部地区农村组织发展的影响因素

各种农村合作经济组织的形成和运作，确实推动了中部地区农村经济的发展。由于农村合作经济组织是顺应新农村建设这一时代要求才出现的，存在的年限较短，所以关于农村组织的法律法规还没有达到完善的地步，特别是没有明确地界定组织今后的发展方向、服务范围等问题，这样就使得中部地区的农村组织发展受限。中部地区农村组织发展的影响因素主要包括法律法规、管理制度、组织的内部成员等。

1. 法律法规

因为法律地位不明确，一些农村组织得不到确切的保障，进而失去一些发展的机会，如一些龙头企业更愿意与法律地位明确的组织或者部门合作。因而，国家应更加重视农村组织的发展问题，完善相关的法律法规，以促进农村经济实现可持续地发展。

2. 管理制度

中部地区农村组织的形成，目的在于让广大农户赶上时代进步的步伐，不至于在激烈的市场竞争中被淘汰。在各种农村组织模式中，成员之间的联系更多地体现在经济利益上，缺乏明确的职位分配和严格的管理制度，人与人之间的关系比较淡漠。当组织中需要进行决策或者遇到突发状况、难题时，会出现“各自为政”难以达成统一意见，抑或是“鸦雀无声”不知所措的局面。即便是有一定的管理制度，如果成员不严格遵守，制度便得不到贯彻执行，依然会影响组织的长期发展以及农村经济的持续增长。

3. 组织的内部成员

农村组织中的绝大部分成员都是村里的农户，而农户中90%左右的人只有初中及以下的受教育程度，农户的认知高度受到文化水平的限制。农户一旦在农村组织中表现出合作意识、团队意识的欠缺，该组织在发展的过程中就会遇到较多的难题，争论多、进度慢、成员间配合度不高等，使得整个组织难以实现互利共赢的结果。另外，如果有成员参与积极性不高，抱着坐享其成的心态，在生产过程中懈怠、逃避、偷懒耍滑，不仅影响该成员自己的劳动成果，甚至有可能使懈怠成为组织内部的一种风气，从而阻碍组织的整体发展。

（三）对中部地区农村组织的评价

1. 缺乏生产经营管理人才

能管理、有技术、懂市场、会经营的复合型人才在中部地区的农村仍然很稀缺，缺乏有能力的人才来带领农户发展农村组织。加之，中部地区的农村未能给农业复合型人才提供足以施展能力与才华的平台，即便是农业相关专业的大学生也极少有愿意回到农村地区学以致用的，这些情况共同造成了中部地区中、高级农业人才的极度缺乏。现有的农户带头人，大多不熟悉市场经济的运行规律，缺乏市场意识、竞争能力，各方面综合素质还有待提高，因此对政府部门或者龙头企业的依赖程度较高。

2. 组织内部认识不统一

虽然中部地区重视农村组织的发展，不少地方的农村组织已经成为农民利益的代言人，但仍有不少农户对农村组织的发展心存疑虑，甚至有农户把合作组织看成是官办机构，缺乏主动参与组织活动、支持组织工作的积极性和热情。现有的一些农村组织因未成立办事管理机构，宣传和动员工作不到位，使得组织内部的农户对该组织的发展比较淡漠，农户缺乏集体荣誉感和合作意识，只想共享利益，不愿共担风险，心怀“好则合，不好则散”的想法。

3. 对农业发展方式认识不足

中部地区汽车、煤化工、电子信息、食品加工等工业化的发展，给该农村地区的思想造成了极大的冲击，绝大多数农户没有认识到农业与工业发展方式的联系。农户认为农产品不可能与工业品相媲美，无法像工业品那样采用标准化的生产方式。他们只看到了农业与工业在产值上的巨大差距，而未能认识到农业的生产经营活动照样可以借鉴工业企业的生产、经营、管理方法，更没有意识到在全民追求健康、环保生活的时代中，农产品所特有的天然优势和绿色生产的增值空间，还不懂得通过洞察市场的需求，来调整生产方式，以供应有特色的农产品。

三、中部地区农产品物流与供应链运作模式分析与评价

中部地区盛产小麦、玉米、水稻、油菜、豆类、薯类等农作物，且其农业产值占据全国的1/4。农产品作为人们生存的必需品，加之我国人口众多，人们对农产品的消费需求会持续上涨，较大的农产品消费量推动着中部地区农产品的物流与供应链发展。

农产品供应链是围绕核心企业，通过控制信息流、物流、资金流，从农产品种植，收购农作物，加工成中间产品和最终产品，最后由销售网络销售农产品到消费者手中，将供应商、农产品种植方、加工企业、制造商、分销商、零售商以及最终消费者作为一个整体的功能网链结构模式。农作物从田间到餐桌上的这种空间位置的变化，就是农产品的物流活动。农产品供应链活动过程中的运输、储存、装卸、搬运等环节中所发生的农产品实际物理位置的变动，就是供应链过程中的物流。

（一）中部地区农产品物流与供应链运作模式

针对中部地区农产品物流与供应链运作模式分析，主要涵盖批发市场模式、农业合作组织主导模式、第三方物流模式等，简述如下：

1. 批发市场模式

批发市场是农产品流通的主要渠道。它以农产品和加工品为交易对象，为批发交易设施和设备的买卖双方提供长期、固定、开放的场所，具有商品流通、信息宣传、结算、价格形成等服务功能。它可以整合各方的资源，发挥集聚效应，具体由专业批发市场、综合批发市场，产地市场、销地市场等组成。这种供应链模式是以批发市场为中心，向上承接农户，向下连接加工企业、分销商、大型超市等（见图 2－1）。中部地区的农产品批发市场已经发展到数量稳定、功能完善、创新方式的阶段，其中大型农产品批发市场有郑州的万邦农产品批发市场、长沙红星农副产品大市场、山西泰和园晋中汇隆市场、合肥的周谷堆农产品批发市场、南昌的乐平市蔬菜批发市场、武汉的白沙洲大市场等。

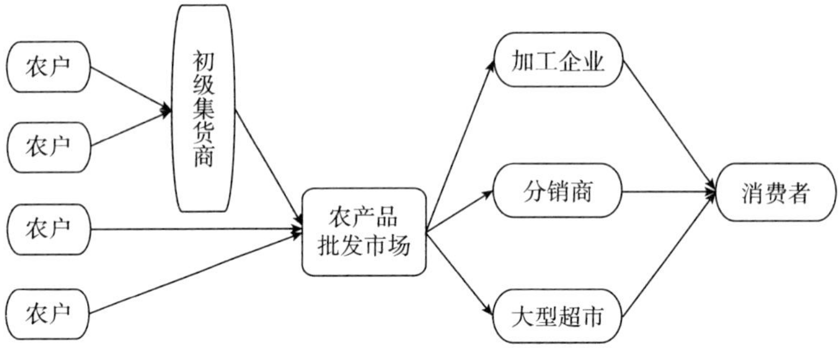

图 2－1　农产品批发市场模式

2. 农业合作组织主导模式

第三次农业普查数据显示，全国农民合作社共计 91 万个，中部地区就有 27 万个，占全国总数的 29.7%。众多的农民合作社，为以农业合作组织为主导的供应链模式的发展奠定了牢固的组织基础。该模式就是以各种农村合作组织为桥梁，组织农作物生产前、中、后以及从产地到销地的整个物流活动（见图 2－2）。通过聚集多个个体农户、小规模农业生产经营者，从而形成一个经济群组，进行集中采购，集中储存、包装、装卸、搬运、运输，可提高农作物在供应链第一环节中的组织化程度，有效降低个体农户独立运作时因信息不对等而造成农作物损耗的可能性，大大规避掉分散经营的风险，使整个供应链环节上的各个主体都能从规模化、组织化的物流运作中获利。

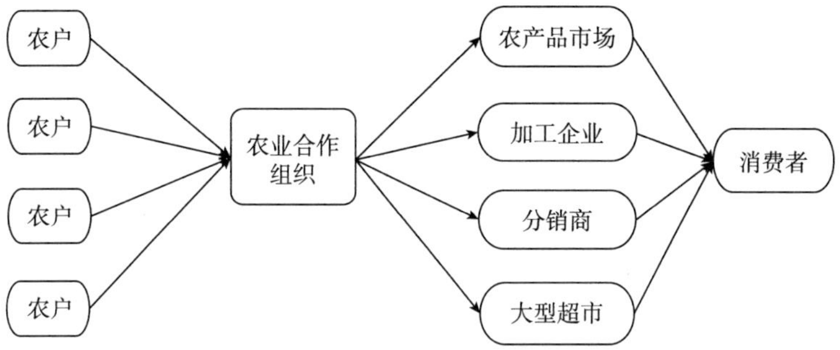

图 2－2　农业合作组织主导模式

3. 第三方物流模式

第三方物流模式是将原本由加工企业、批发商和零售商承担的物流外包给不拥有商品且不参与商品买卖的第三方，使得农产品的整个供应链就由农户、第三方物流企业、收购商、零售商和消费者组成（见图 2－3）。收购商和零售商不用再花费时间和金钱成本去应对自营物流，可以集中人、财、物各方面资源发展核心业务。农产品供应链上的节点企业将物流外包给第三方企业，第三方企业运用其高科技设备、先进的物流技术，提供专业化和社会化的物流服务，并将物流信息及时地反馈给节点企业，有利于各企业规避市场中的风险，从而进行准确的生产计划和市场预测，最终实现降低物流成本，提高物流效率的目标。第三方企业的加入，农产品的流通实际上只经过了从农户到第三方企业再到消费者两个环节。

（二）对中部地区农产品物流与供应链运作模式的评价

对中部地区农产品物流与供应链运作模式的评价主要可概括为信息化

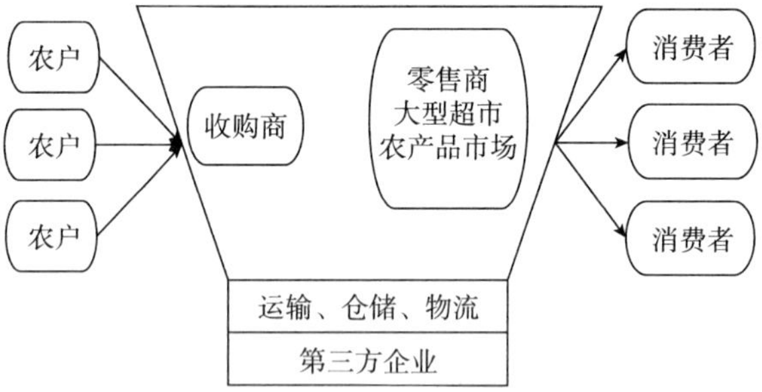

图 2－3　第三方物流模式

水平有待提高、物流基础设施发展不平衡、物流相关技术较落后。具体简述如下：

1. 信息化水平有待提高

农产品供应链中，对信息流的获取和管理至关重要，能抢先获取市场信息，便意味着能在市场竞争中占据优势。充分发挥现代化的网络技术、计算机技术和通信技术，便于农户准确地获取需求信息；建设起高水平的物流信息系统，将大大提高农产品供应链的配送效率，降低物流成本。

现代化社会中，信息的传递主要依靠电话和互联网，我们将电话普及率和互联网发展的主要指标之一——互联网宽带接入用户来讨论中部地区的信息化水平。如表 2－2 所示，从电话普及率来看，2017 年和 2018 年中部地区的平均值都低于全国水平，就算是中部六省中电话普及率最高的山西，其普及率与全国水平也有一定差距。从互联网宽带接入用户方面看，参考年份中，中部地区接入宽带的用户占全国的 23% 左右，而统计数据表明中部地区的常住人口占全国总人口的 26.5%。可见，中部地区需重视信息化水平的提高，在农产品配送的供应链中发挥网络、计算机和通信技术的优势。

2. 物流基础设施发展不平衡

虽然中部地区交通基础设施发展较快，基本形成水、陆、空的运输网络，但中部六省之间的交通基础设施发展不平衡，尤其在公路里程上，湖北的公路里程几乎是山西的2倍多（见表2-3）。加之，农产品运输具有物流量大、品种繁多、周期短等特殊性，其中生鲜农产品对运输时效要求更高，机动灵活的公路运输更能满足农产品运输的要求。因而公路基础设施发展上的不平衡会严重影响中部地区农产品供应链的物流效率。

表2-2　中部地区信息化水平

地区	电话普及率（部/百人）		互联网宽带接入户（万户）	
	2017年	2018年	2017年	2018年
山西	106.69	113.99	872.9	991
河南	97.17	105.48	2128.4	2503.9
安徽	86.9	96.66	1323.7	1662.4
湖北	95.78	104.32	1242.9	1480.7
湖南	92.68	100.74	1315.5	1635.3
江西	84.94	97.02	997.1	1323.4
中部	94.03	103.04	7880.5	9596.7
全国	115.91	126	34854.01	40738.15
中部占比（%）	—	—	22.61	23.56

资料来源：根据历年《中国统计年鉴》整理而得。

表2-3　中部地区运输线路长度　　单位：万千米

地区	公路里程	铁路营运里程	内河航道里程
山西	14.33	0.54	0.05
河南	26.86	0.54	0.14
安徽	20.88	0.43	0.56
湖北	27.50	0.43	0.85
湖南	24.01	0.51	1.15
江西	16.19	0.43	0.56

资料来源：根据《中国统计年鉴（2018）》整理而得。

除省份之间的不平衡外，城市和乡村之间的道路设施差距也很大，中部地区的农村道路基础设施发展不完善，普遍是低级道路，路况不好，载重较好的货车不便出入，这就限制了农村道路的运输能力。即便选用小型货车，颠簸的道路会致使农产品损耗大，降低鲜活度，且增加运输耗时。而农村、山区是农产品的主要生产地，因而农产品的运输受限于生产地的道路状况，甚至可能出现农产品滞留产地无法运出的情况。

3. 物流相关技术较落后

生鲜农产品是容易腐烂，所以农产品的运输不能等同于工业产品的运输。在整个供应链过程中，运输、存储、装卸、搬运等操作要求相对较高，应充分考虑其形态、通风透气性，非持久性和串味，地震压力，尽可能确保其物流链接不腐烂，不污染，失去控制，以确保农产品在到达供应链下一环节时的保值增值能力。这就需要在物流过程中使用通风装置、保温设施、抗震防压器具，提高农产品的储存技术，或者使用冷链物流运输等技术。另外，因农产品售价不高，要使其具有市场竞争力，就要在供应链各环节上下功夫，在包装、运输、储存、装卸、搬运上统筹考虑，尽可能地降低物流成本。而现阶段，中部地区的现代物流技术推广还处于较低的水平，储存技术和冷链技术的发展较东部地区仍比较落后，生鲜农产品更是没有做到全程冷链。

四、中部地区农村经济系统总体分析

农业是发展国民经济的支柱产业，农村经济是国民经济中必不可少的一部分。近年来，中部地区积极响应全面建成小康社会，贯彻实施乡村振兴策略，持续平稳地发展农村经济，推动中部地区农村、农户共同繁荣富裕。

（一）农产品总供给稳定

2018 年，中部地区粮食总产量 20089.63 万吨，占全国粮食产量的 30.50%，同比增加 49.11 万吨，增长 0.25%，为保证国家粮食安全贡献力量。该地区的农产品供给总量上是基本稳定的，但具体不同种类的农作物供给能力有增有减，满足并丰富了全国人民的“菜篮子”。

2018 年，中部地区秋收粮食 12433.38 万吨，增加 339.91 万吨，增长 2.81%；中稻和一季晚稻产量 5386.31 万吨，增加 300.22 万吨，增长 5.90%；豆类产量 344.49 万吨，增加 66.93 万吨，增长 24.11%；油料产量 1462.27 万吨，增加 51.21 万吨，增长 3.63%。

中部地区同年的夏收粮食 5996.69 万吨，减少 159.56 万吨，下降 2.59%；小麦产量 5860.44 万吨，减少 161.25 万吨，下降 2.68%；棉花产量 43.71 万吨，减少 9.38 万吨，下降 17.66%。

（二）农户收入稳定增长

根据中部六省的农村居民人均可支配收入和消费支出，计算平均值得到，2019 年，中部地区农村居民人均可支配收入为 15177.34 元，同比增长 9.57%，增速快于城镇水平 1.3%；农村居民人均消费支出 12935.62 元，同比增长 11.09%，增速快于城镇水平 2.88%。从图 2 -4 可以看出，自 2016 年起，中部地区农村居民人均可支配收入一直呈现持续稳定增长的态势，其原因在于，一是农村居民收入受大环境的经济状况影响相对较小；二是农户的收入渠道比较窄，农村居民的消费内容和方式也相对固定，生活状况会更加稳定。

（三）产业结构不断优化

农业是农村产业结构的主体，除此之外还包括牧业、林业、渔业、农村工业等。虽然农业的产值会占据农林牧渔总产值的一半以上，但牧业、林业、渔业的产值之和也能达到 42% 左右，是构成农村经济的重要组成部分。

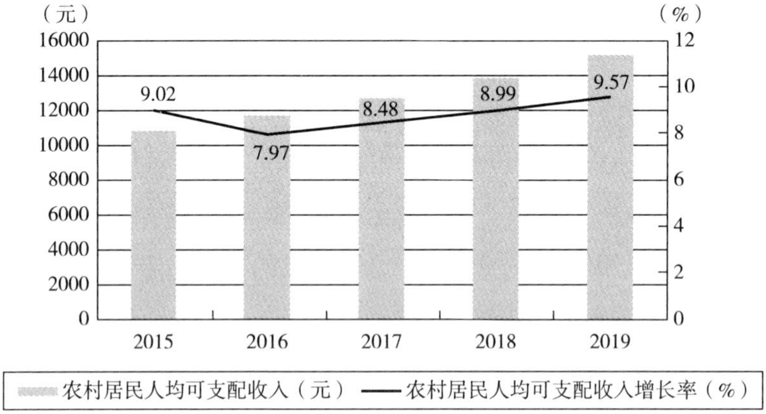

图2－4　中部地区农村居民人均可支配收入

资料来源：根据历年《中国统计年鉴》整理而得。

统计表明，2018年，中部地区木材产量1488万立方米，同比增长1.71%；牧业方面，大牲畜年底1450.4万头，同比增长1.10%，猪年底14173.94万头，同比下降2.38%，羊年底4425.64万只，同比下降0.12%；渔业上，水产品总产量1289.4万吨，同比增长1.10%。牧业作为继农业之后的农村经济第二大产业，中部地区近年来在不断根据市场需求的变化，适当地放缓牧业产值的增速，同时稳定地发展林业和渔业，以协调各产业的发展，不断优化产业结构。

五、中部地区城乡协调发展的关键问题

周尔鎏认为，城乡协调发展就是要在宏观指导下，把城乡发展结合起来，保持工业和农业两大部门的平衡增长；在微观经济活动中，农村和城市、工业和农业相互联系、相辅相成。农村与城市之间是职能分工，利益

互惠，功能互补，相互作用的，城乡的协调发展便于从根本上解决“三农问题”，中部地区作为农业生产基地，统筹城乡协调发展必不可少，但其中存在如下几点关键问题。

（一）城乡居民收入差距大

依据全国统计年鉴数据，通过中部六省的人均可支配收入、消费支出计算得到中部地区的平均值，2019 年，中部地区农村居民人均可支配收入 15177.34 元，同比增长 9.57%；城镇居民人均可支配收入 36498.76 元，同比增长 8.27%；农村居民人均消费支出 12935.62 元，同比增长 11.09%；城镇居民人均消费支出 23828.69 元，同比增长 8.21%。

2019 年，中部地区农村居民人均可支配收入的增速快于城镇增速 1.3%，城乡居民收入之比为 2.40∶1，与 2013 年的 2.54∶1 相比，六年间的相对差距缩小了 9.1%。但从绝对差距来看，2019 年城乡居民收入差 21321.43 元，比 2013 年的 13725.02 元拉大了 55%。2013～2019 年，农村居民人均可支配收入增长总额为 6247.72 元，城镇居民人均可支配收入增长总额达 13844.13 元，是农村增长总额的 2.2 倍，中部地区城乡居民的收入差距仍呈扩大的趋势。

（二）公共产品供给不平衡

中部地区的农村与城镇在公共产品的供给与配套上十分不平衡，主要包括教育资源、医疗资源、社会保障、基础设施等，农村的发展远远落后于城镇的发展。

农村办学条件差，师资力量不足，没有形成教育投入稳定增长的机制，从而出现高级教师留不住、生源质量提不高的恶性循环。农村地区的医疗条件也堪忧，绝大多数地区缺少乡村卫生院，即便有，也难以正常运转。以致农村居民看病只能上镇卫生院，或者县、省医院。另外，在社会保障系统方面，城镇居民享有养老保险、工伤保险、失业保险、生育保险等，政府还给低收入者提供廉租房等优惠政策。而农村居民享有的社会保障远不及城镇居民，虽然新农合的推广实施让农村居民享有的权益越来越多，但其报销比例与职工保险相比较低，且低保也只有极少数的人才能享用。再者，城镇里的柏油马路、社区健身设施、影院等娱乐场所等公共基础设施，让城镇居民过着丰富多彩的生活。而这些几乎都是农村居民生活中所没有的，农村地区大多都是泥泞的土路，以及农户需要把绝大多数的时间都花费在土地田野间。

（三）农村发展缺乏资金投入

当前，涉及农业的专项投资很少，尽管国家为全面建成小康社会，实现两个一百年的奋斗目标，注重农村地区，尤其是贫困地区的发展，多次出台了相关政策引导社会资金流向农业领域。但受制度不完善，以及逐利风气等诸多因素的影响，中部地区的金融机构将大部分资金投入到其他回报率高、见效快的领域。此外，和农村地区联系最为紧密的乡政府，因其处于政府组织机构的底层，本身的财政预算规模不大，绝大多数用于维持乡政府内部的运作和管理，无力拨出富余的款项用以满足农村发展的需求。因各方面资金的难以到位，农村地区的规划建设项目难以得到真正有力的实施与发展。资金缺乏影响到中部地区农村经济的发展。

第三章
中部地区农村经济系统的作用机理分析

一、农村经济系统的内涵与存在的问题

农村经济系统是实施农村振兴战略、探索中国特色农业农村现代化道路的重要支撑。完善农村经济体制，既是我国引领当代农民实现共同富裕的重要途径，也是推进我国城乡一体化发展的必由之路，更是提高我国农村基层党组织战斗力的重要保障。实施新时期乡村振兴战略，必须坚定不移地发展集体经济，走共同富裕道路（高建华，2020）。

（一）农村经济系统的内涵

中华人民共和国成立后，经过社会主义改造运动，集体经济成为农村经济的重要组成部分。改革开放后，家庭联产承包责任制的实施和市场经济体制的建立，农村经济体制不断改革和调整，它的基本概念和经济地位也发生变化。农村经济制度的内涵是不断变化的，并随着不同时期集体经济内涵的变化而变化。根据不同时期农村经济制度的改革和发展，可将农村经济制度的概念分为传统农村经济制度和新农村经济制度。

传统的农村经济系统主要是指1953年至改革开放前的农村经济系统。马克思在《资本论》一书中提到，小农经济的局限性是建立在土地和其他生产资料分散基础上的。其实质是个体分散劳动，与现代社会生产力不适应。为了改造小农经济，马克思和恩格斯提出要把土地私有制改造为集体所有制。恩格斯在《法德农民问题》中指出："我们对小农的任务是把他们的私人生产和私人占有转变为合作生产和占有。"1951年底以来，中共中央先后出台一系列决议，明确了中国农业社会主义改造的路线、方针和政策。1953年，中国开始了农业的社会主义改造。通过发展互助社、初级合作社和高级合作社，到1956年底基本实现了农业合作社。这在一定程度上提高了农业生产能力，增加了农业的公共积累，实现了生产资料由私有向集体所有的转变，1958年建立第一个人民公社之后，全国范围内开始了建立人民公社的高潮（杨平，2008）。人民公社规定所有农业生产合作社的生产资料和公有财产实行高度公有化，进行统一管理和核算，按平均主义原则统一分配。

改革开放以来，出现了新的农村经济体制。1978年实行的家庭联产承包责任制"打破了单一的集体所有制、人民公社高度集中的农业生产经营模式"，扩大了农民的经营自主权，提高了农民的生产积极性。随着家庭联产承包责任制的实施，村级集体经济在家庭分散经营与集体统一经营相结合的双层经营体制基础上，对农户分散经营进行补充，不断探索各种实现形式。

在几十年里对集体经济发展经验教训的总结，农村经济系统的发展模式不断丰富，在这一过程中对农村经济系统的界定也在不断发展。2016年2月，中共中央、国务院出台的《关于稳步推进农村集体产权制度改革的意见》将农村经济系统界定为"集体成员利用集体所有的资源要素，通过合作与联合实现共同发展的一种经济形态，是社会主义公有制经济的重要形式"。总体来说，农村经济系统的主要特征包括：以集体经济成员的自愿合作为前提，整合集体资源加以利用，对经营成果集体共享的公有制经济。

中华人民共和国成立以来，农村经济体制经历了逐步形成占据主导地位，然后与家庭联产承包责任制实现的功能逐渐减弱，地位持续下降的过程，经过不断的探索和创新，尤其是改革开放的深化，逐步建立和完善市场经济体系，分散的小农户与大市场竞争激励之间的矛盾逐渐显现，在寻找解决方案的过程中，集体经济的优势、现实的需求刺激农民有热情探索农村经济体制，农村经济系统的发展进入一个新阶段。

党的十八大以来，中共中央发表了一系列重要文件，积极推进农村土地制度、产权制度改革和农业供应，一个好的外部环境为刺激农村经济系统创造了条件，如政策支持和市场环境，各种类型的集体经济组织，探索各种农村经济的路径系统。农村有了新的发展机遇，然而，新时代的到来不仅伴随着机遇，还面临着挑战。国内外农业发展环境发生了变化，农业发展面临资源开发转型，内部结构比重不协调，市场化程度低导致产业链形成等问题。

农村经济制度的新发展，应符合新时代、新形势下面临的新问题，努力解决农村地区农村集体产权制度的深化改革和保护农民的财产权益，促进行业一体化的发展，帮助农民提高应对市场风险的能力，努力形成土地规模的发展模式，管理现代化，以共同富裕为目标，更高质量、更高效益、更公平、更可持续和符合市场经济要求的新农村集团化、集约化发展道路。新时代的农村经济系统以产业兴旺、生态宜居、乡风文明、治理有效、生活富裕的总要求为指导，顺应市场经济的发展，明晰集体经济产权，规范内部治理结构，建立农民专业合作社以及股份制、股份合作制等多种形式的经济组织，推动实现中国特色农业现代化。

（二）农村经济系统存在的问题

集体经济在促进农村经济发展，满足农村物质文化生活需要方面具有重要作用。然而，随着农村经济制度的发展，农村经济制度本身的问题逐渐暴露。农村经济体系的发展面临着发展不平衡、主体地位弱化、发展动力不足等诸多困难。

1. 农村经济系统发展不平衡现象突出

严重的两极分化是我国农村村级集体经济发展面临的最大挑战。以2017年为例，按照目前对于“空壳村”的定义，我国没有经营收益和经营收益在5万元以下的“空壳村”有39.8万个，占总村数的70.8%。与多数“空壳村”并存的是村级集体经济营业收入过亿甚至百亿的各大“名村”，2017年村集体资产总额最高的5个地区的资产总和达21100亿元，占全国农村集体资产总额的61.4%。而这种差距主要体现在区域上。从区域上看，农村经济系统发展的地区差异很大。根据农业部的统计数据，2014年全国农村集体账面资产村均447.3万元，而中西部地区资产总额只有全国资产总额的1/4。2017年，东、中、西部地区村集体经济组织总收入分别为3087.8亿元、940亿元和599.8亿元，农村经济系统经营性收入最高的三个地区主要集中在沿海地区，分别为广东、浙江、山东，占全国总收入的3/5，而经营性收入最低的三个地区则位于中西部地区，分别为青海、宁夏、甘肃。这充分说明我国不同地区村级集体经济存在很大差异。集体经济实力较强的村庄主要分布在经济发达的长三角、珠三角等地区。这些村庄通常靠近县城，交通便利，自然资源丰富，基础条件良好。但由于中西部地区地理位置偏远，交通不便，资源匮乏，村级集体经济比较薄弱，发展滞后。中国的“空壳村”大多集中在这一地区。还有一些中西部行政村充分利用自身天然的地理优势和能源优势，实现了集体经济的发展，但这也是另一种农村经济系统发展不均衡的表现。这种情况的出现，不仅加大了我国社会中的贫富差距和基尼系数，也会影响我国农村经济的健康持续发展，为我国经济发展带来负面影响（杨平，2008；高建华，2020）。

2. 农村经济系统的地位与作用不相适应

党的十一届三中全会提出以经济建设为中心，渐进式改革过程中建立社会主义市场经济体制，经济体制不断地变化，参与经济活动的形式深刻地影响人们的行为和思想，依靠集体经济寻找其他方法来增加农民的经济收入，大多数有经济头脑的人为了谋取个人利益一般选择自主创业或外出经商，这在一定程度上影响了农村经济体制的发展。在追求市场经济和私营经济的过程中，人们对集体经济的认识出现了偏差。有人认为，集体经济是平均主义，不能为发展提供了动力，会影响经济的快速发展；有人认为，集体经济就是所有的生产资料和生产成果都归集体所有，只能统一分配，还要承担集体债务。因此，在追求竞争力和高效率的今天，集体经济被认为是一种过时的经济发展方式，人们已经淡化了对它的重视和认识。

此外，在农村经济发展的系统中仍存在一些困难和问题，如运营效率低，过度的压力对集体管理、财产权益保护不足等，极大地抑制了农民的积极性，使他们不赞同集体经济的意识形态。农村基层干部对农村经济建设的误解，深刻地影响农村集体经济发展，一些乡镇基层干部往往强调带头致富，想一些人致富的发展经济，而忽视了农村经济系统的作用。还有一些官员认为，各级政府都在鼓励个体、私营经济的发展，发展集体经济是计划经济的老路。这些错误的观念使得一些村级组织不愿意支持集体经济政策，也不把集体经济的发展放在工作日程上，这不可能发展壮大村级集体经济。

3. 农村经济系统发展动力不足

农村经济系统发展的物质条件往往都是以土地为基础，但实行家庭联产承包责任制后，农村土地资源分散，村集体难以实行集体土地管理，缺乏集体资源，失去了集体经济发展的物质基础。截至 2017 年末，农村集体经济组织账面负债总额达 13.8 亿元，其中村平均负债 245.8 万元，比 2016 年增长了 9.5%，村平均资产负债率 40.3%，与 2016 年基本持平。村集体经济的严重问题多处于偏远山区，主要原因是农村自然条件差，可用的资源有限，不发达的基础设施、农业为主要的收入来源、村民缺乏市场观念，了解农村经济系统的发展有限，以耕地为主要资源发展集体经济的操作条件同样有限，集体经济的发展规模难以形成。一些村集体经济发展主要依赖集体资源的租赁合同和企业资源补偿收入的职业，收入来源很窄，收入渠道很少，不能实现可持续发展。村集体经济发展的效益差，限制了村集体经济的长远发展。此外，还有大量的剩余劳动力在中国农村地区的转移，大量农村劳动力外流严重影响农业生产，导致农村土地废弃，减少耕地面积，农村剩余劳动力的老龄化，导致农业产量减少。统一分工的农村经济制度是以“分工”为基础的，农村“老弱”劳动力难以接受现代农业的生产方式，仅依靠传统的种植模式难以振兴农村经济体系。

二、农村经济系统运行的一般机理与关键影响因素分析

（一）农村经济系统运行的一般机理

农村经济系统的运行过程会在不同程度上受到来自政府、农业制度与市场的多方影响，本书分别从政府、农业制度及市场三方面就农村经济系统运行的一般机理做出分析。

1. 政府推动中部地区现代农业发展的阶段性分析

政府作为推动现代农业发展的主导者，在不同的阶段表现出不同的引导方式，其阶段分析包括初级阶段、中级阶段和高级阶段。

（1）初级阶段。政府注重把握宏观发展，充分调查，以证明现代农业的发展是否符合该地区农业发展的需求，以及是否有必要制定宏观政策的基本框架和现代农业发展规划。同时，政府要深入农村，宣传现代农业的发展模式、内容和理念，把现代农业发展理论转化为实际的农业发展实践。此外，差别化的农业政策和补贴等政策工具，可以鼓励农民积极参与现代农业建设和发展。总之，现阶段政府主要规划发展现代农业，调动各学科积极参与现代农业建设。

（2）中级阶段。政府需要引导农民转向现代农业生产方式，改变传统的农业生产方式。在中部地区各省设立现代农业示范园区和基地，展示各

种生态技术和绿色技术。切实发挥政府在文化、经济和社会各方面的作用。在加大农业基础设施建设投入的同时，开设多种形式的农村剩余劳动力转移岗前培训课程和现代职业农民培训课程。综合利用各项现代管理下的科教，加强现代农业管理；推广现代高新农业技术，制定符合现代农产品生产加工要求的标准。

（3）高级阶段。农民和涉农企业纷纷走上了发展现代农业的道路。此时，政府需要建立以经济和信贷激励为手段，以高科技体系为支撑，以法律法规为保障的现代农业生产体系。现代农业的参与主体会逐渐减少对农业生产要素的投入，通过对农产品市场的调控主动参与现代农业的发展，最终走上农业可持续发展的道路。

2. 创新农业制度与农业科技，支持现代农业发展

农业系统与农业科技是“两轮驱动”的关系，二者密切相关。没有人与自然的关系，任何农业制度都不会独立存在，人与自然的关系反映在生产力上，而生产力的本质为科学技术，人与人的关系则主要体现在制度上。农业科技进步可以为新体系的建立提供强有力的支持，相关的农业科技也存在于农业体系中。农业要素利用最大化的主要动力是建立和完善农业科技支撑体系。因此，发展现代农业需要实现“双轮驱动”的农业体系和农业技术。

3. 增强农产品市场牵力，鼓励经营主体参与现代农业发展

政府政策、经济支持和市场自律可以促进中部地区现代农业的建设和发展。通过市场这只“看不见的手”和政府这只“看得见的手”的双重作用，农民及其涉农企业将选择市场生产所需的农产品，逐步走上现代农业的发展道路。从横向看，农民的最佳选择是走农业大户化、农业合作化的发展道路。从纵向看，走农业产业化道路是农业企业的最佳选择。因此，要鼓励农民加入和建立与农民有关的经济组织，并鼓励我国农业企业走以家庭承包经营为基础的现代农业产业化道路。通过农产品市场力量，农民和涉农企业积极参与中部地区现代农业发展（杨平，2008）。

（二）农村经济系统运行的关键影响因素分析

影响和制约农村经济系统发展的原因主要表现在：农村经济系统的内部管理机制不完善；对市场经济变化的适应能力不足；缺乏引领农村经济系统发展的专业性人才；政策落实存在空白点。

1. 农村经济系统的内部管理机制不完善

近年来，我国农村集体资产总量不断增加。截至2017年底，村级集体经济组织资产总额34400亿元，村均610.3万元，较2016年增长9.9%。但全国农村的集体总资产有75.8%集中在东部地区，中部地区的集体资产仅占全国总资产的15.1%，西部地区仅为9.1%。部分地方顺应农村集体产权制度改革要求，对本地区集体经济产权进行调整和整改，并取得了积极成效。但总体看，农村集体产权归属不清、权责不清、保护不严、管理不到位等问题依然存在。有的地方对集体经济资产管理不严，少数村干部利用管理上的漏洞攫取集体利益，也容易引起冲突。农村经济系统的管理问题主要表现在两个方面：一是村集体资产管理制度不完美，没设置一个特殊的集体经济财务管理，财务管理人员素质不高，村集体财产没有有效的价值衡量，集体资产流失甚至利用工作便利侵吞集体资产。二是内部治理结构不合理，农村集体经济组织管理的最基层管理或村级干部，没有吸收专业管理人员，没有合理有效的内部运行机制，效率很低，通常没有长期的经营理念和管理方向，严重限制了村集体经济的发展。对村集体经济的治理和管理极大地影响着农民群众对集体经济的认识，不合理的治理结构和管理制度极大地打击农民参与集体经济建设的积极性，不仅会阻碍集体经济的发展壮大，还可能影响农村经济发展和社会稳定。只有通过改革逐步完善农村经济系统组织的运行机制，才能最大化保障农民的合法权益，推动农村经济系统的发展。

2. 农村经济系统对市场经济的适应能力不足

在家庭联产承包责任制度下，中国大多数的农村组织几乎没有提供社会化服务的能力，农村家庭联产承包经营制度本质上已经成为“分而不统一”的“农民小农经营”。传统农业生产结构和生产方式在不断变化的市场经济环境中处于不利地位，没有集体经济的支持，农村公共服务、基础设施的缺失不能为农民提供有益的帮助。个体农民在资本、技术、规模等方面的弱势地位，难以跟上时代的变化和发展。

在发展农村经济系统中，可以利用集体经济组织协调小规模生产与大市场之间的矛盾，但由于一些集体经济组织管理不善等问题，缺乏人才，使农村经济系统组织仍然停留在财务管理上，农村集体经济组织不能及时有效地应对市场的变化，导致农村经济体制在市场竞争中失去优势，集体经营效率低下甚至造成资产流失。对于集体资产短缺，农村基层组织发展需要资金，也无法提供更好的公共服务，从长远来看，基层组织的声誉下降，集体经济组织的功能不再能够组织农民参与集体经济的发展，农村经济的发展系统很难进行。

根植于农村，农村经济系统的市场信息流通率远远低于城市。在中央、省、市、县、乡五级基层政府或组织之间的信息传播和沟通中，对市场信息的理解可能偏离政策的目的，捕捉政策导向或市场信息尤为重要。市场信息捕捉的滞后和信息解读的错误将严重影响农村经济系统的发展空间。

3. 缺乏引领农村经济系统发展的专业性人才

人是经济活动的主体，是关键因素。由于农村经济体系发展缓慢，缺乏良好的工资待遇，农民无法保证获得相对稳定的经济效益。与城市相比，农村经济发展速度、未来前景和生活条件相对落后，导致中青年农民不断外流。大量劳动力和建设人才流失，而且忽视了人才培养，导致农村发展的内在动力丧失，潜藏在农民身上的发展资金和人力资本逐渐流失。人才短缺使农村对资金的吸引力降低，农业发展难以进一步推进，农村经济体系“空心化”更加严重，形成了恶性循环，导致集体经济发展滞后。

绝大多数的农村经济体制组织缺乏专业的管理团队，以及缺乏科学和农村经济发展所需的技术人员，甚至一些地区集体经济组织的整体文化素质较低，经济发展和市场需求的法律知之甚少。农村党员干部年龄结构总体较大，吸收新知识新思想的速度慢，缺乏工作积极性，难以推动农村经济制度的进一步发展。经济管理人才的缺乏，常见的是一些村集体经济组织的经营和管理问题，忽视了市场经济规则，集体资源无法有效地整合、管理，无法保证资产的使用效率，资本、资源、财务信息披露不透明甚至挥霍集体积累，忽视了集体财产损失等。这些情况严重打击了农民群众参与集体经济建设的积极性。

4. 农村经济系统政策的落实存在空白点

“三农”问题一直是我国发展的重中之重，农村经济系统可持续发展问题备受党中央及各级领导的重视与关注，为此在农村经济系统的发展方面提供了指令性、原则性、方向性的指导，并且在发展过程中不断完善相关法律法规，给农村经济系统的发展创设宽松的环境。但是，由于这些政策都是关于财政等范围较广的政策或是以家庭为单位的耕地补偿政策，对集体经济缺乏一些实际的、规范性的、可操作性强的优惠措施和指导办法。例如，我国《宪法》、《物权法》、《土地管理法》和《民法通则》都明确指出了村集体经济组织的法律地位，但对农村经济系统组织设立、变更、终止、机构设置、股权管理及功能等问题没有做出比较清晰和具有可操作性的法律规定。

此外，农村经济系统在各级政府相关政策不一致的实现中，许多地方没有价值的发展农村经济系统，一些改革措施难以实施，缺乏激励和支持政策，使得缺乏足够的指导来发展农村经济系统，不能引领农村经济系统可持续发展。特别是公众舆论对集体经济有误解，基层组织和群众不理解农村经济体制的改革和创新，导致实际发展中集体经济被忽视甚至抵制。除此之外，一些地方政策缺乏灵活性，使得农村经济体制很难申请贷款，相关程序复杂，税收负担很重，许多改革措施难以实现。在缺乏资金的情况下，党的方针、政策落实不到位。虽然我国与农村发展相关的土地流转制度已经实施，但仍有许多方面有待完善，如产权的界定、收入分配机制等，需要进行调整和澄清。

三、中部地区农业技术扩散对农村经济发展的作用机理的理论分析

（一）农业技术进步内涵

农业技术进步可分为广义和狭义。广义的概念不仅包括农业生产技术的进步，还包括农业经济管理的进步。狭义的农业技术进步只包括农业生产技术的进步，主要考虑技术的物理和化学形态。

技术进步是指通过调整产业结构、加强教育、提高劳动者素质而产生的生产、管理和服务方面的技术进步。农业技术进步的主要表现是：提高农业生产力，即在相同生产要素下生产更多的农产品；提高现有农产品质量，向绿色生态有机农业发展；培育农产品新品种，加快农业产业化进程。

（二）农业技术进步的内容及诱导方式

农业技术进步涉及技术措施、生产条件、管理技术、生产者和经营者四个方面。

农业生产技术措施的进步包括优质品种繁育技术的改进、平衡施肥、作物种植栽培、土壤改良、动植物病虫害防治、畜禽养殖、水产养殖等。

农业生产条件的技术进步包括农业工具、农业能源和农业基础设施的改进。

农业管理技术的进步包括利用现代管理手段和管理方法，特别是利用计算机等现代信息技术，来取代传统的管理手段。

农业生产者和经营者的技术进步包括农业生产者、经营者及管理者的

科技知识、劳动技能和管理技能的提高。

农业技术进步的诱导方式主要包括要素稀缺的诱导方式和市场需求的诱导方式两种。

对于农业经济要素稀缺诱导的技术进步。有学者认为，经济发展的技术是用相对丰富廉价的元素取代相对稀缺昂贵的元素。农业技术进步主要表现在两个方面：一是农业机械化技术。该技术改进了机械设备，增加了人均耕地面积，从而提高了人均产量，节约了相对稀缺的劳动力资源。因此，机械化进程是农业经济增长的主要源泉，其主要特征是提高劳动生产率。二是生物技术。主要利用化肥、农药、良种等现代技术，提高农产品单位面积产量，节约相对稀缺的土地资源。生物化学技术是增产的主要来源，其主要特点是提高土地生产力。然而，随着技术的发展和农业经济的不断进步，技术进步模式的选择并不是一成不变的。当相对稀缺性因素诱发的技术进步提高其稀缺性时，同时改变或使用其他因素诱发的技术进步模式是必然的选择。

对于农业市场需求诱发的技术进步。有学者较早地提出了农业技术进步的市场需求假说，指出市场的盈利能力是导致技术进步的主要因素。由于市场需求量大，需要技术进步来提高产量或培育更好的品种。技术进步的效益与农业科研的外部性密切相关，即生产者剩余和消费者剩余的增加。增产和推广新品种与市场利益密切相关。要素稀缺性和市场需求对农业技术进步的影响不是独立的，而是互补的、共同的。农产品不同的市场需求规模会诱发不同程度的技术进步，而这些技术进步的目的是为了节约一定的要素。相反，农业的发展必然使农产品具有一定的经济性。因此，农业技术进步要素的稀缺性与市场需求的诱导性是相辅相成的内在统一（杨平，2008）。

农业技术进步能有效提高农民收入。衡量农民收入的方法有总收入和净收入两种。总收入是指农村家庭在一定时期（通常为一年）的总收入。总收入可分为家庭管理收入、工资性收入、财产性收入和转移性收入。纯收入是指农民从各种收入来源中扣除相应费用后的总收入。

虽然我国农业技术进步促进了农民收入的增加，但仍存在一些问题，如资本收购、技术改造、劳动力素质低、体制落后，这些不仅减缓了农民收入的增长，而且不可避免地成为技术进步的现实障碍。

（三）中部地区农业技术扩散对农村经济发展的作用机理

下文从农业资金获取、人才素质、市场发展和体制改革四个方面，论述农业技术扩散对中部地区农村经济发展的作用机制。

1. 中部地区农业技术扩散对农业资金获取的作用

农业技术的应用需要通过大规模的农业机械设备或大规模的经营来实现，农民需要更多的资金来支持技术的发展。然而，现阶段农民很难获得资金。一方面，由于政府对农业的投入较少，低于财政经常性收入补贴，国家对农民的补贴只能解决一小部分财政困难，不能完全覆盖农民采用新技术的成本。另一方面，在农村金融领域，农民获得资金的渠道少，可获得性低。在农村金融市场上，只有村镇银行、农村信用社、邮政储蓄银行等少数机构。近年来，存贷差距逐步拉大，贷款利率居高不下，实际上增加了农民获取技术的成本。此外，大部分资金从农村转移到城市，用于第二产业和第三产业的发展和消费，加大了农村技术市场获取资金来源的难度。

2. 中部地区农业技术扩散对农民及农业推广人员素质的作用

我国农村劳动力素质普遍偏低，初中以上文化水平的农业人口，不那么正式的农业技能培训农民，落后的思维方式使他们对新工具、新技术的理解、接受和操作能力极低，这不仅影响了农业新技术的推广，也造成了农民利益的损失。此外，在农业推广过程中，农业推广人员是主要的参与者，农业推广人员占比远低于发达国家的水平，而且，由于缺乏合理的选拔制度、农业推广人员和工作条件，推广人员结构不合理，整体素质水平偏低，缺乏创新精神和实践能力，影响了农业技术推广。

3. 中部地区农业技术扩散对农业技术市场发展的作用

我国农业技术市场仍不稳定，发展缓慢。主要原因首先是大部分农村地区交通、通信条件落后，极大地阻碍了技术信息的传递和技术市场的建立，使得大部分农业技术向农民的传播速度变慢。农民获取信息的途径很少，内容有限。其次，农业技术推广市场不完善，技术推广部门积极性不高，推广效果不明显。而且有许多推广内容与农民的实际需要不匹配，或不因地制宜，导致技术成果与需求脱节。最后，农业产业结构不完整，专业分工较弱，一体化程度低，不能形成规模经营。由于农业技术有巨大的外部性，一旦错误，将导致农民的损失。小农户对农业技术等的操作已经影响农业技术市场繁荣和农业技术的应用。

4. 中部地区农业技术扩散对体制改革的作用

制度是影响农业技术进步水平的最重要因素，但我国在实施农业技术方面还存在许多问题。首先，政府在农业上投入不足、结构不合理。政府财政资源向城市倾斜的政策使得农民缺乏大规模机械化操作的资金，也没有足够的资金采用新技术。在公共产品供给方面，由于投入结构不合理，许多农业基础设施落后，无法从根本上得到改善。其次，农业推广系统由于不完善，缺乏有效的执行机制和措施，也没有具体的制度安排，推广人员没有合理的制度保障，生活艰苦，使推广人员的热情很低，在一定程度上影响技术进步的实现。最后，我国农业科研机构的科研能力一直相对较低，往往片面注重发展，而没有结合实际，忽视了农业自身的特点。

此外，由于研究经费低、管理不合理、研究周期短、缺乏长期实地调查，影响了研究成果的质量和实用性，并使研究成果转化率低，许多成果难以发挥作用。今天，随着科学技术的快速发展，如何充分发挥优势，克服劣势产业调整和升级的背景下，以提高农民收入，促进科技进步，发展现代农业是我们迫切需要解决的重要问题。

（四）中部地区农业技术进步促进农业经济发展的政策建议

虽然中国中部地区的经济比西部地区发达，但东部地区的先进科技成果仍难以转化为中部地区的生产力。农业科技成果转化滞后，不能及时应用于农业生产，提高农民收入。由于我国劳动力素质较低，特别是中部地区，农业技术推广机制不完善，农村劳动力素质较低，不能及时接受先进的农业生产技术，导致我国农业技术应用缓慢。为此，提出如下建议：

1. 促进技术成果转化，提高新技术转化率

在促进科技成果转化方面，政府要发挥主导作用。首先，政府要设立农业科技成果转化专项资金，加大对科研机构的公共财政支持力度，鼓励企业参与科技成果转化，扶持农业重大技术，形成系统的技术成果转化，引导政府和企业的领导。其次，深化科研体制改革。在政府为重大科研项目提供资金支持的同时，企业或组织也应开发适合市场发展、具有竞争力、易于接受和采用的科研项目。同时，加强与高校、科研院所的合作，定期举办农业科技展览。最后，要重视对农民的技术培训，提高农民素质，使他们更容易接受和使用新技术。

2. 提高劳动者素质，提升农民劳动技能

舒尔茨认为，农民的劳动技能和知识水平与农业生产率之间存在正相关关系。因此，一是要转变农民观念，引进先进的农业经营理念，能够接受技术和产业化的先进理念，克服小农思想，让农民树立市场意识，在市场中谋求更大的发展，充分发挥科技优势。农业一线农民工作组是技术创新的主体。二是加大对农村教育的财政投入和对农民技术培训的财政支持。三是依托广播、报纸、电视、互联网等平台开展农业技术推广，报道和宣传农民科技致富先进经验，引导农民自主学习农业技术知识，提高自身能力。四是完善农村基础教育设施，积极开展农村农业技术培训展示和农业技术指导讲座，定期提供政策和技术支持服务，坚持面授与远程教育相结合、“走出去”与“引进来”相结合、多元化相结合完善教育培训形式，提高农业生产者的受教育程度和农业生产技能。同时，发展职业教育和成人教育，根据农业生产特点灵活教学，教育与农业生产、技术推广相结合，培养应用型人才，既能适应农业的发展，又能促进农业科技创新。五是对农业科技人员和推广人员，要加强继续教育，拓展科技人员的知识领域和专业水平，与时俱进，真正把技术推广工作落实到农民身上。

四、中部地区农村组织模式对农村经济发展的作用机理的理论分析

（一）延长农业产业链的作用机理

在传统的农业生产模式中，农民以较低的价格将农产品卖给企业，受价格波动的影响较大，利润低，农民收入不稳定，难以发展农村经济。2015年，中央“一号文件”首次提出“推进农村一二三产业融合发展”，将产业链等现代产业组织方式引入农业。产业链是指随着科学技术的发展，各个产业部门相互关联，使产品价值在不同的产业和生产主体之间进行划分和转化，最终实现价值最大化。农村产业集成可以形成特定的农业产业链，如早期的农药生产企业提高农业生产效率，农业机械生产部门通过研究使农产品实现深加工，最终实现农产品的价值增值，促进农村经济的发展。

在农村三次产业一体化的进程中，农业产业链的延伸对农村经济增长的影响主要体现在四个方面：一是农产品附加值的增加。未加工的农产品技术含量较低，而农业产业链的延伸可以看作是农产品加工的深化。随着技术的投入，最终产品的价值将得到提高。二是促进相关产业发展。农业产业链的延伸使农业与相关的第二、第三产业联系更加紧密。贸易的便利促进了涉农企业集中在固定区域。一方面方便了相关企业之间的沟通，降低了交易成本；另一方面促进企业之间的优势互补，传播知识和技术，有利于创新效应的形成。三是有利于增加农民就业。随着科学技术的提高，农业生产劳动力减少需求，大量的剩余劳动力只能成为工人，农业产业链的延伸使集群企业产生大量的年轻劳动力需求，一方面可以鼓励农民工作，另一方面也保留年轻的农村劳动力。四是有利于农业新业态的创造和

农业发展模式的完善。农业生产主体的集中有利于农业产业园区的发展，有利于特色小镇、农村电子商务等新业态的诞生，有利于农业发展渠道的拓展。

（二）发挥农业多功能性的作用机理

农业的多功能是指农业生产不仅具有粮食安全功能，还具有经济、生态、文化和社会功能（Chen et al.，2021）。经济功能是指随着城乡一体化的发展，农业作为区域经济发展的基础，能够促进区域经济的协调发展。生态功能是指通过多作物轮作加肥的方式固定土壤中的生物量和养分，提高土壤质量，实现农业绿色发展。文化功能是指通过发展农业，传播地方文化，树立人与自然和谐相处的正确价值观。社会功能是通过解决农村居民的就业和社会保障问题来实现农村社会的和谐发展。

这些效益不仅可以促进农村经济的发展，更重要的是改善农业发展的环境，促进农业的长期可持续发展。在农村一二三产业融合发展的过程中，通过催生农业新形态，培育农业经营新主体，可以有效拓展农业的各种功能，促进农村经济的发展。一是农民专业合作社作为一种新型的农村经营主体，将农业与加工业紧密结合，为农民提供综合服务，节约农业交易成本，为工业提供廉价的农业原料，实现农业经济效益。二是农村一二三产业融合通常会促进农业内部产业的调整和整合，如通过农牧结合、农林结合等方式生产绿色、有机、优质产品。同时，在这种生产模式下构建的循环生产模式将有利于水土保持，实现农业的生态效益。三是随着经济水平的提高，消费者不再满足于城市的文化供给，而是开始追求乡村文化的体验。消费者通过观赏农业景观，参与农事体验，加深对农业文化的了解，实现农业的文化效益。四是在农村产业一体化的过程中，农业产业链的延伸为农村居民提供了更多的就业机会，增加了农村居民的收入，发展了农村经济，保障了农民的生产生活，最终实现了农业的社会效益。

（三）促进资源优化配置的作用机理

资源对于促进区域经济发展，是至关重要的因素，促进农业经济的发展资源包括劳动力、资本投资和农业技术和设备等。但由于单一农业发展结构，资源投入的回报率很低，因此，长期以来虹吸效应导致城乡之间资源分配不平衡。在劳动力数量上，由于农村人口数量少，工作内容单一，农村劳动力数量少，大量年轻劳动力向城市迁移。在农业资本投入方面，农村固定资产总投入呈逐年下降趋势。2017 年，财政用于农业的支出仅占财政总支出的 11%，说明农村经济发展后劲不足。在农业技术装备方面，我国农村耕地面积小而密集，不适合大规模机械化作业。

农村生产效率低，科技优势不能充分发挥。农村一、二、三产业一体化，通过农业与二三产业的结合可以有效改变农业单一的发展结构，吸引资源要素的投入，促进农村经济的发展。资本是逐利的。随着农业与第二、第三产业的融合发展，资源投入的回报率将会提高，这将吸引更多的企业聚集。一方面，它将提供更多的就业机会，吸引劳动力回流；另一方面，它将为农村发展带来资本，提高农村经济的可持续发展能力。此外，农业与第二和第三产业整合，家庭农场、龙头企业和农民专业合作社带来了新的农业管理主体。农户、资本和土地资源整合促进农业规模经营，提供大型农业机械设备环境，降低农业生产成本。一般来说，第二、第三产业在农村地区最终将从粗放型转向集约型农业发展，缓解农业发展的资源约束，促进生产要素在城乡和农村地区的优化配置，促进更高效的农业生产。

五、中部地区农产品物流与供应链运作模式对农村经济发展的作用机理的理论分析

（一）中部地区农产品物流与供应链运作模式经济效应

通过优化中部地区农产品物流服务结构，可以在中部地区产生一定的

产业经济效应。这些产业经济效应包括规模经济效应、范围经济效应等一般产业效应，以及如农业物流服务体系的速度经济效应、资源互补共生效应等特定产业经济效应。

（二）规模经济效应

规模经济是指单个制造商通过扩大规模生产差异化产品而显著节约生产成本或显著提高生产效率。中部地区农产品供应链物流服务体系的规模经济效应包括物流过程的规模经济效应、物流量的规模经济效应和物流能力的规模经济效应。

1. 物流过程的规模经济效应

与传统的分散式农产品物流相比，由于农产品的物流需求不再是单一的生产或销售企业，而是由供应链的生产和销售企业所决定。此时，物流活动的物流过程大于分散的物流过程，将产生规模经济，我们称为物流过程的规模经济。假设农产品市场上存在农产品行业协会、批发商和零售商，由此产生的物流过程有两个阶段，即农产品从农产品行业协会到批发商，再从批发商到零售商。在传统的分散物流条件下，两个物流企业进行物流业务的过程中，流程 1 和流程 2 分别位于分散物流条件下的农产品供应链物流服务系统中。当流程 1 和流程 2 的所有物流业务都集中于集成的物流供应商，将形成流程的物流规模经济效应。具体情况如图 3－1 和图 3－2 所示。图 3－1 显示了传统物流体系下农产品物流过程的分布。其中，物流企业 1 和物流企业 2 分别进行一个物流流程，而在图 3－2 的农产品物流服务体系中，物流流程 1 和流程 2 集中于综合物流供应商，物流流程规模显著增加。

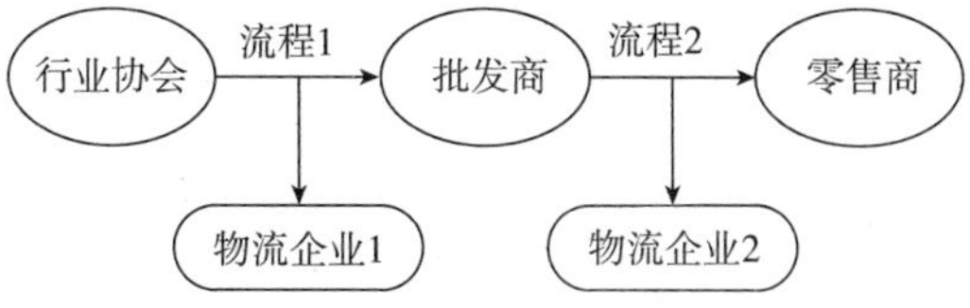

图 3－1　传统分散物流条件下物流流程分配

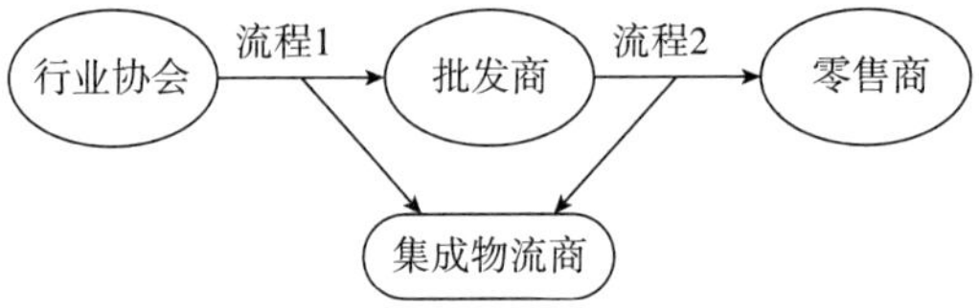

图 3-2　基于供应链的农产品物流服务体系条件下物流流程分配

2. 物流量的规模经济效应

在农产品供应链中，生产者的物流需求不再是单一农户的物流需求，而是由农产品行业协会牵头的农协。因此，单笔交易的物流量应大大超过分散的物流量，由此产生的规模经济效应称为物流量的规模经济效应。在图 3-3 所示的传统农产品物流条件下，分散农户将分散的农产品物流分配给专业化的分散农产品物流供应商。因此，各农产品物流供应商的物流业务规模较小。在图 3-4 所示的现代农产品物流服务体系中，分散的农户可以通过农产品行业协会集中农产品，由专业物流提供商提供农产品物流服务，从而实现农产品物流的规模经济效应。

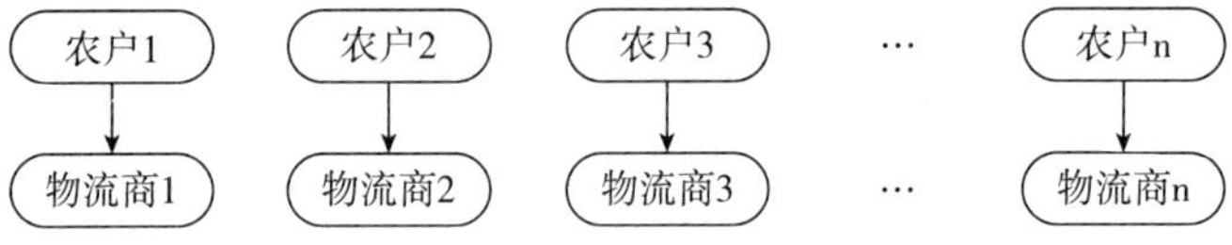

图 3-3　传统分散物流条件下物流企业的物流量分配

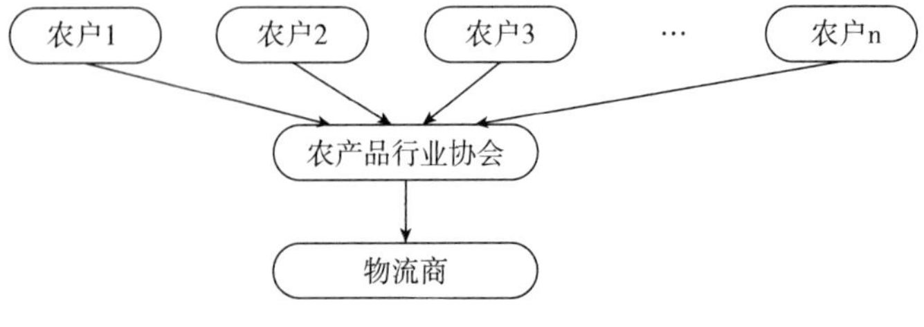

图 3-4　基于供应链的农产品物流体系条件下物流企业物流量分配

3. 物流能力的规模经济效应

从农产品物流供应商的角度来看，单个物流企业的物流能力受到其物流资产的相对限制。中部地区每个城市只有少数几家大型农产品物流企业，其余都是分散的小型专业物流供应商。在农产品供应链物流服务体系中，将大量分散的小型专业物流企业进行整合，综合物流企业的物流能力将大大提高，从而形成农产品供应的规模经济和物流规模经济能力与物流需求匹配对接。

（三）范围经济效应

范围经济是指一个生产者同时生产多种产品的支出低于多个生产者分别生产的支出。图3－5和图3－6比较了传统分散式农产品物流与农产品供应链物流系统的物流运作，论证了农产品供应链物流服务系统的范围经济性。

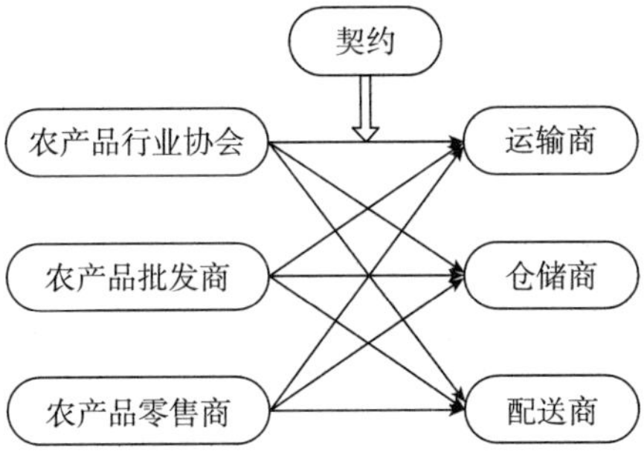

图3－5 传统分散物流条件下契约量

假设某一农产品市场上有三类农产品物流需求方，分别是农产品行业协会、农产品批发商和农产品零售商，它们分别具有简单的农产品运输、储存和配送的物流需求。在研究范围经济时，我们只考虑物流交易成本，即合同完工成本。假设每个合同的单位成本为C。

如图3－5所示，假设箭头表示合同，共有9个箭头（合同），总交易成本为9C。因为农产品行业协会、批发商和零售商分别签订了农产品和农产品的运输、储存和销售合同。在图 3－6 中，农产品行业协会、批发商和零售商之间通过合同形成固定的供应链关系。集成物流供应商通过一定的合同与运输供应商、仓储供应商、配送供应商形成固定的供应链关系，包括三类合同；供应链通过一定的合同与集成供应商形成固定的合作关系。在形成这三种固定关系的过程中，总共需要签订 5 份合同，总交易成本为 5C。因此，与传统的分散式物流运作模式相比，供应链物流服务体系下物流运作模式的交易成本将大大降低，这是农业供应链物流服务体系的范围经济。这种范围经济随着交易数量的增加而扩大。假设有 N 种农产品物流活动。在传统的物流运作模式下，每笔交易的成本仍为 9C，总交易成本为 9NC。在农业供应链物流服务系统的运作模式中，由于合同签订后形成了相对稳定的合作关系，每个物流活动的交易成本按 5C/N 分配，总交易成本仍为 5C。

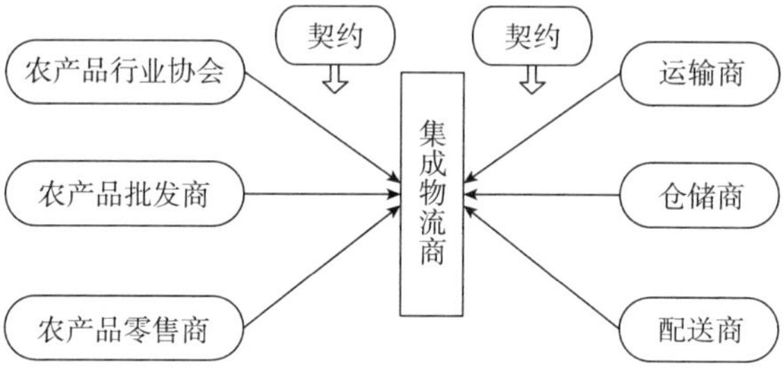

图 3－6　基于供应链的农产品物流服务体系下契约量

由此可见，农产品物流活动越多，农产品供应链物流服务体系的范围经济性就越明显。

（四）速度经济效应

速度经济效应是指物流的敏捷性效应，即通过形成物流联盟，关联企业可以很容易地应对外部环境的变化、客户需求的变化和技术的更新。企业比未加入物流联盟的企业具有更大的竞争优势是一种比较经济优势。中部地区农产品供应链物流系统的速度经济效应表现在：一方面，集成供应商通过不同的业务特点和农产品的综合管理专业物流供应商的不同区域，可以在不同的领域需要不同的农产品物流和农产品物流分配给不同的农业专业的物流公司，加快农产品物流供需对接，从而加快农产品从产地向销地的转移，降低农产品的仓储成本和毁损成本。另一方面，农产品供应链与农产品综合物流供应商之间长期稳定的合作关系，减少了物流交易谈判的次数，也加快了农产品物流的速度。

（五）共生经济效应

共生经济效应是指企业之间资源的互补性所带来的经济效益。这种影响主要由物流供应商带来。由于综合物流供应商整合了多个专业物流供应商，这些不同的物流供应商在人力资源、管理经验、客户资源、技术资源等方面都有各自的特点和优势。通过集成的综合管理物流供应商，这些资源优势可以扩散在整个联盟，和专业的物流供应商可以互相学习，以提高整体的人力资源优势，客户资源优势、管理优势、技术资源优势等，并最终带来经济效益。

（六）物流与供应链运作模式对农业经济的带动效应

关于物流与经济增长的关系，最早的理论是“第三利润源”观点，认为物流是经济增长的第三源泉。近年来，国内一些学者也对这一问题进行了一些实证研究。研究表明，物流业的发展对经济增长有很大的促进作用。

实质上，基于供应链的农产品物流服务体系为农业生产的产、供、销服务。优化农业物流服务体系的结构会提高生产效率，而生产效率的提高通过价值链的延伸农产品和生产成本的变化会影响农产品的价格，农产品价格的变化最终会影响需求，因此，农业物流服务体系的优化势必对农业经济的增长产生带动作用。

农产品物流服务体系可以降低农产品的生产成本和市场价格，增加农产品的市场需求，刺激农业生产，促进农业经济增长。降低农产品流通成本是现代农产品物流服务体系的基本功能之一。主要表现为通过现代农产品物流技术降低农产品流通损耗，通过规模化经营降低农产品经营成本，通过优化物流节点布局降低农产品流通成本。根据微观经济学的一般原理，降低成本最终会体现在价格上，大规模降低成本最终导致农产品价格下降，从而需求增加，需求增加则导致产量增加，促进农业经济的发展。

农产品物流服务体系可以通过延伸农产品价值链，提高农产品的价值和市场价格促进农业经济增长。农产品物流服务体系主要是通过流通加工活动提高农产品的价值；同时，通过物流活动的场所价值和时间价值提高农产品的价值。农产品价值的增加最终会转化为农产品价格的上涨，农产品价格的上涨将刺激农业生产，从而带动农业经济的增长。

第四章

城乡协调发展下中部地区农业技术经济子系统重构研究

一、国内外农业技术扩散研究

（一）农业技术扩散

农业在国民经济和社会发展中起着重要的支撑作用，是国民经济的基础。随着科学技术的进步和发展方式的转变，我国农业生产方式、技术方式和管理方式都发生了巨大的变化。随着现代农业的全面实施，我国农业发展的动力逐步由资源投入转向技术投入。农业生产的主要动力已逐步由人畜动力转向电、水力等机械动力。农业科技进步和农业设施建设显著提高了农业生产效率（董莹，2016）。

法国社会学家和化学家加布里埃塔·德在20世纪初首次解释了创新的扩散。他把技术扩散定律称为模仿定律，这是熊彼特经济发展理论中提出的创新扩散的概念，认为创新扩散的本质是一种模仿行为，美国传播理论家罗杰斯在《创新扩散》一书中提出了创新扩散的概念，将创新扩散定义为创新内容通过社会网络中某一媒介或渠道传播的过程。该书将创新扩散分为创新内容、传播渠道、传播时间和社会制度四个部分。Gross 和 Ryan 对杂交玉米种子扩散的分析开始了对农业技术扩散关系的研究。Hagerstrand 构建了平均信息域模型，Stoneman 在对技术扩散进行大量实证研究后，建立了技术扩散模型。此外，Mansfield 和 Freeman 分别建立了扩散模型。近年来，学者除对技术扩散模型的研究外，还对技术创新扩散进行了大量的研究，不仅涉及技术扩散的含义、技术扩散的过程及其影响因素，而且分析了技术扩散的行为特征和扩散机制。

1996 年制定的《中华人民共和国科学技术成果转化促进法》将科学技术成果界定为通过科学研究和技术开发产生的具有实用价值的成果，并对后续试验、开发、应用进行了说明并推广科技成果，提高生产力水平，直至形成新技术、新工艺、新材料、新产品，发展新产业。

农业技术创新扩散是指农业新技术、新发明、新成果从源头向周围扩散的过程。它是被大多数农民、农民或农业企业接受、采纳和使用的过程。农业技术扩散到农户、企业和其他组织中，以促进新技术的实际应用，改进农业生产技术、提高农业产出和效率，最终推动整体农业产业技术提质升级。

（二）农业技术扩散意义

进入新时代的中国，比以往任何时候都更加重视科技推动力。我国连年颁布的中央“一号文件”都高度强调农业科技在现代农业发展过程中至关重要的作用，农业技术进步是农业增长的持久动力，也是我国国民经济发展的关键保障。农业技术的进步使得农业生产要素的利用效率得到不断的提升，在提高农产品产量、质量的同时减少对资源环境的浪费和损害，促使我国农业集约化、高效化和生态化转变。另外，农业技术的进步是传统农业向现代化农业转化的一大催化剂，现代农业科技能在很大程度上刺激农业主体提升发展现代农业的积极性。

（三）国内外农业技术扩散研究差异

创新是发展的第一动力，技术创新与扩散的研究在国内外都是热点，但国内外研究方向存在显著的差异。国外学者的研究多为一项具体农业新技术在扩散过程中农民的接纳程度及其影响因素，从中寻求改进技术本身或扩散途径，进而提升技术扩散水平与农业技术生产力的方法；国内学者更多从宏观角度对区域技术扩散速度和水平进行剖析，提出政府、市场、农户等多方参与下农业技术推广模式现状及调整方向。

国内外关于农业技术扩散研究的差异在很大程度上是由于国内研究相比国外无论在时间还是研究深度上尚存在很大不足。国外的农业技术扩散研究具有较明显的由概念研究到管理模式再到多学科交叉的演进过程，在不同区域范围内均有广泛的研究主题，强调技术、经济、生态、环境等多学科交叉融合，切实提高新技术在实际扩散中的时效性。国内的研究方向没有得到很好的拓展和深入，聚焦于农业技术扩散作用论证、机理研究和模式探讨，关注宏观层面的农业经济水平的提升（喻登科等，2018）。整体来看，我国的农业技术扩散研究无论是在领域广度、目标深度还是在学科交叉度上都尚存在缺漏，需要不断调整和完善。

二、中部六省农业技术进步贡献率的测度与分析

我国正处于由传统农业向现代农业转变阶段，农业从重视数量转为提升质量的方向转变，我国农业发展的方向是安全高质、生态环保的现代化农业。提高我国农业现代化水平，农业技术的创新与扩散是至关重要的推动力。为衡量农业技术对农业经济的推动效果，并进一步判断经济技术发展水平和未来政策的调整方向，国际常选用农业技术进步贡献率作为评价指标。《国家中长期科学和技术发展规划纲要（2006—2020 年）》也将提升技术进步贡献率列为长期的发展目标。

我国中部地区包括山西、湖北、江西、河南、安徽、湖南六个省份，截至2019年，华中六省面积约102.8万平方千米，承载全国26.60%的人口，创造国内生产总值约17.94万亿元，人均国内生产总值约4.82亿元，是继东部地区之后的第二个经济发展梯队。

中部地区地处平原地区，农业生产条件优越，自然资源丰富，是我国农产品的主产区，也是我国“三农”问题最突出的地区。作为推进新一轮工业化、城镇化的重点，中部地区要最大限度地抓住发展机遇，运用农业技术创新不断推进农业产业现代化，提高农业综合生产力和可持续发展能力（侯胜鹏，2013）。本章对中部六省农业科技进步贡献率进行测算和分析，深入研究中部现代农业的发展模式和运行机制，探索现代农业的发展路径。

选用超越对数（Translog）法进行中部六省农业科技进步贡献率的测算，可以从函数、输出弹性、相互替代等方面分析各种输入因素之间的交互作用。模型考虑农业资本、劳动力投入和自然灾害对计算播种面积的影响，并将人力资本作为隐含变量，通过人力资本其他直接投入要素，分析人力资本对技术进步贡献率的影响。鉴于农业技术进步难以直接测度，在此引入时间趋势变量T建立相应的生产函数如下（沈琼，2016）：

$$\begin{aligned}\ln Y &= \ln F(\ln X_i, T)\\ &= \alpha_0 + \left(\alpha_1 + \frac{1}{2}\alpha_2 T\right)T + \sum_{i=1}^{n}(\beta_i + \beta_{Ai}T)\ln X_i + \frac{1}{2}\sum_{i=1}^{n}\sum_{j=1}^{n}\beta_{ij}\ln X_i \ln X_j\end{aligned} \tag{4-1}$$

式中，α_1、β_i、β_{ij}和β_{Ai}为估计参数，Y为农业、林业、畜牧业、渔业总值，X_i为第i个输入因子，$\beta_{ij}=\beta_{ji}$。

本书考虑农业资本（K）、农业劳动力（L）和主要农作物播种面积（S）三个直接因素的投入。此外，人力资本理论认为，农业人力资本投入还促进了农业经济增长，提升人们的受教育水平，进而极大地影响农业的发展。因此，在估算农业人力资本贡献时，有必要考虑农业人力资本的影响。与其他投入要素的作用机制不同，人力资本通过其他直接投入要素的影响直接作用于生产函数。本书以 H 来表示农业人力资本。方程式（4－1）可以写成如下：

$$\ln Y=\alpha_0+\beta_t T+\frac{1}{2}\beta_{tt}(T)^2+\beta_k\ln K+\frac{1}{2}\beta_{kk}(\ln K)^2+\beta_L\ln L+\frac{1}{2}\beta_{LL}(\ln L)^2+\beta_S\ln S+\frac{1}{2}\beta_{SS}(\ln S)^2+\beta_{TK}T\ln K+\beta_{TL}T\ln L+\beta_{TS}T\ln S+\beta_{KL}\ln K\ln L+\beta_{KS}\ln K\ln S+\beta_{LS}\ln L\ln S+\beta_{KH}\ln K\ln H+\beta_{LH}\ln L\ln H+\beta_{SH}\ln S\ln H \quad (4-2)$$

根据式（4－2），可以通过以下方式求解相关投入要素的产出弹性：

$$\lambda_K=\frac{dY/Y}{dK/K}=\frac{d\ln Y}{d\ln K}=\beta_K+\beta_{TK}T+\beta_{KK}\ln K+\beta_{KL}\ln L++\beta_{KS}\ln S+\beta_{KH}(\ln H) \quad (4-3)$$

$$\lambda_L=\frac{dY/Y}{dL/L}=\frac{d\ln Y}{d\ln L}=\beta_L+\beta_{TL}T+\beta_{LL}\ln L+\beta_{KL}\ln K+\beta_{LS}\ln S+\beta_{LH}\ln H \quad (4-4)$$

$$\lambda_S=\frac{dY/Y}{dS/S}=\frac{d\ln Y}{d\ln S}=\beta_S+\beta_{TS}T+\beta_{SS}\ln S+\beta_{KS}\ln K+\beta_{SL}\ln L+\beta_{SH}\ln H \quad (4-5)$$

$$\lambda_T=\frac{dY/Y}{dT/T}=\frac{d\ln Y}{d\ln T}=\beta_T+\beta_{TT}T+\beta_{TK}\ln K+\beta_{TL}\ln L+\beta_{TS}\ln S \quad (4-6)$$

根据式（4－2），可以将农业技术的进步率求解为：

$$TP=\frac{\partial\ln F(\ln X_i T)}{\partial T}=(\beta_T+\beta_{TT}T)+\sum_{i=1}^{n}\beta_{Ai}\ln X_i \quad (4-7)$$

式（4－7）表明，农业科技进步贡献率可以分解为中性技术进步贡献率$\frac{\partial\ln F\ (\ln X_i T)}{\partial T}$和要素偏向技术进步贡献率 $\sum_{i=1}^{n}\beta_{Ai}\ln X_i$ 两部分。

农业科技进步的贡献率推导为：

$$TPC=\frac{TP}{\Delta Y/Y}\times 100\% \quad (4-8)$$

中部六省农业科技贡献率测度与分析的数据分为两部分：一是历年的农业统计数据；二是历年《中国农村统计年鉴》，如表 4－1 所示。

表 4-1　1990~2017 年中部六省测度相关数据

年份	农业总产值 Y（亿元）	农业资本存量 K（亿元）	农业劳动力 L（万人）	播种面积 S（千公顷）	平均农业人力资本 H（年）
1990	2085.40	548.54	10639.10	40460.14	6.71
1991	2116.36	582.85	10895.82	36469.24	7.01
1992	2436.09	628.11	10876.82	39344.80	7.09
1993	2641.52	719.44	10558.96	40009.80	7.18
1994	2820.15	870.39	10388.24	38475.80	7.26
1995	3190.41	1012.87	10235.71	39689.20	7.37
1996	3522.15	1096.32	10152.50	39915.50	7.64
1997	3782.38	1218.46	10188.69	40405.80	7.79
1998	3908.89	1364.61	10189.81	38382.20	7.85
1999	4104.31	1502.06	10580.49	40668.00	7.93
2000	4264.43	1661.93	10952.58	39896.90	8.04
2001	4410.84	1817.45	10799.36	40247.90	8.09
2002	4590.87	1988.76	10660.04	41470.12	8.14
2003	4625.60	2099.99	10395.03	38682.68	8.14
2004	5033.07	2191.32	10189.59	43945.30	8.16
2005	5285.99	2312.56	10005.60	42038.80	8.23
2006	5603.87	2459.84	9823.26	41689.86	8.3
2007	5827.67	2649.87	9540.34	41232.08	8.38
2008	6169.29	2932.86	9414.93	40406.96	8.44
2009	6476.28	3366.81	9268.35	43712.10	8.51
2010	6767.38	3849.79	9385.44	42476.10	8.55
2011	7050.55	4272.95	9147.29	45690.90	8.54
2012	7371.71	4761.87	8955.21	46474.00	8.58
2013	7671.83	5307.31	8741.79	45311.90	8.82
2014	8030.96	6014.95	8579.21	47113.30	9.08
2015	8404.40	6867.987266	7458.51	48457.50	9.19
2016	8726.57	7902.992667	8335.72	47830.80	9.04
2017	9055.27	8809.682431	8074.25	47840.60	10.36

注：Li Xiaocui，Song Yinghua. Calculation of the Comtribution Rate of Agricultural Technological Progress in Six Provinces of Central China［J］. Agro Food Industry Hi－Tech，2016，27（6）：85－93.

（一）要素的输出弹性系数

式（4－3）、式（4－4）和式（4－5）中要素的输出弹性及其经济含义包括四个部分，即技术进步的可变部分（$\beta_i + \beta_{Ti}T$）、要素间相互影响部分（$\sum_{i=1}\beta_{ij}\ln X_j$）、要素自增强和抵消效应（$\beta_{ii}\ln X_i$）以及受劳动力素质影响部分（$\beta_{iH}\ln H$）（见表4－2至表4－4）。

表4－2　1991～2017年我国中部地区投入要素产出弹性分析（1）

年份	资本要素产出弹性				
	技术进步的可变部分	要素间相互影响部分	要素自增强和抵消效应	受劳动力素质影响部分	总和
1991	0.057	0.118	0.006	0.026	0.207
1992	0.057	0.118	0.006	0.026	0.208
1993	0.057	0.118	0.006	0.027	0.208
1994	0.057	0.118	0.006	0.027	0.208
1995	0.057	0.118	0.006	0.027	0.208
1996	0.057	0.118	0.006	0.027	0.209
1997	0.058	0.118	0.006	0.028	0.209
1998	0.058	0.118	0.006	0.028	0.210
1999	0.058	0.118	0.007	0.028	0.210
2000	0.058	0.118	0.007	0.028	0.211
2001	0.058	0.118	0.007	0.028	0.211
2002	0.058	0.118	0.007	0.028	0.211
2003	0.058	0.118	0.007	0.028	0.211
2004	0.058	0.118	0.007	0.028	0.211
2005	0.058	0.118	0.007	0.028	0.211
2006	0.058	0.118	0.007	0.029	0.211
2007	0.058	0.117	0.007	0.029	0.211
2008	0.058	0.117	0.007	0.029	0.211
2009	0.058	0.117	0.007	0.029	0.212

续表

年份	资本要素产出弹性				
	技术进步的可变部分	要素间相互影响部分	要素自增强和抵消效应	受劳动力素质影响部分	总和
2010	0.058	0.117	0.007	0.029	0.212
2011	0.058	0.118	0.007	0.029	0.212
2012	0.059	0.117	0.008	0.029	0.213
2013	0.059	0.117	0.008	0.029	0.213
2014	0.059	0.117	0.008	0.030	0.213
2015	0.059	0.116	0.008	0.030	0.213
2016	0.059	0.117	0.008	0.030	0.214
2017	0.059	0.117	0.008	0.032	0.215

表 4-3　1991~2017 年我国中部地区投入要素产出弹性分析（2）

年份	劳动力要素产出弹性				
	技术进步的可变部分	要素间相互影响部分	要素自增强和抵消效应	受劳动力素质影响部分	总和
1991	-0.243	-0.149	-1.077	0.227	-1.24
1992	-0.242	-0.149	-1.077	0.228	-1.24
1993	-0.241	-0.149	-1.073	0.230	-1.23
1994	-0.241	-0.146	-1.071	0.231	-1.23
1995	-0.240	-0.146	-1.070	0.233	-1.22
1996	-0.239	-0.145	-1.069	0.237	-1.22
1997	-0.238	-0.145	-1.069	0.239	-1.21
1998	-0.237	-0.143	-1.069	0.24	-1.21
1999	-0.236	-0.143	-1.073	0.241	-1.21
2000	-0.235	-0.142	-1.077	0.243	-1.21
2001	-0.234	-0.141	-1.076	0.244	-1.21
2002	-0.233	-0.141	-1.074	0.244	-1.21
2003	-0.233	-0.140	-1.071	0.245	-1.20
2004	-0.232	-0.142	-1.069	0.245	-1.20

续表

年份	劳动力要素产出弹性				
	技术进步的可变部分	要素间相互影响部分	要素自增强和抵消效应	受劳动力素质影响部分	总和
2005	-0.231	-0.140	-1.067	0.246	-1.190
2006	-0.230	-0.140	-1.065	0.247	-1.190
2007	-0.229	-0.139	-1.061	0.248	-1.180
2008	-0.228	-0.138	-1.060	0.249	-1.180
2009	-0.227	-0.138	-1.058	0.250	-1.170
2010	-0.226	-0.137	-1.059	0.250	-1.170
2011	-0.226	-0.137	-1.057	0.250	-1.170
2012	-0.225	-0.137	-1.054	0.251	-1.170
2013	-0.224	-0.135	-1.051	0.254	-1.160
2014	-0.223	-0.135	-1.049	0.257	-1.150
2015	-0.222	-0.134	-1.033	0.259	-1.131
2016	-0.221	-0.133	-1.046	0.257	-1.143
2017	-0.220	-0.132	-1.042	0.273	-1.122

表4-4　1991～2017年我国中部地区投入要素产出弹性分析（3）

年份	播种面积要素产出弹性				
	技术进步的可变部分	要素间相互影响部分	要素自增强和抵消效应	受劳动力素质影响部分	总和
1991	0.141	-0.149	0.043	0.102	0.137
1992	0.142	-0.148	0.043	0.102	0.139
1993	0.142	-0.147	0.043	0.103	0.141
1994	0.143	-0.146	0.043	0.103	0.143
1995	0.144	-0.145	0.043	0.104	0.146
1996	0.144	-0.145	0.043	0.106	0.149
1997	0.145	-0.144	0.043	0.107	0.151
1998	0.145	-0.144	0.043	0.107	0.152
1999	0.146	-0.144	0.043	0.108	0.153

续表

年份	播种面积要素产出弹性				
	技术进步的可变部分	要素间相互影响部分	要素自增强和抵消效应	受劳动力素质影响部分	总和
2000	0.147	-0.144	0.043	0.109	0.154
2001	0.147	-0.144	0.043	0.109	0.156
2002	0.148	-0.143	0.043	0.109	0.157
2003	0.148	-0.142	0.043	0.109	0.158
2004	0.149	-0.142	0.044	0.109	0.160
2005	0.15	-0.141	0.044	0.110	0.162
2006	0.15	-0.141	0.043	0.110	0.163
2007	0.151	-0.14	0.043	0.111	0.165
2008	0.151	-0.139	0.043	0.111	0.167
2009	0.152	-0.138	0.044	0.112	0.169
2010	0.153	-0.138	0.044	0.112	0.170
2011	0.153	-0.137	0.044	0.112	0.172
2012	0.154	-0.136	0.044	0.112	0.174
2013	0.155	-0.135	0.044	0.113	0.176
2014	0.155	-0.134	0.044	0.115	0.180
2015	0.156	-0.131	0.044	0.116	0.184
2016	0.156	-0.133	0.044	0.115	0.182
2017	0.157	-0.132	0.044	0.122	0.191

表4-2至表4-4表明：

1. 资本

中部地区资本因素的弹性呈现略有上升的趋势，依靠物质资本投入促进农业经济增长的空间在缩小。从资本投入和农业产出的角度看，中部六省存在资本深化现象。从资本要素弹性的构成来看，全要素技术进步与农业资本要素间的交互作用为主要作用，而受劳动力素质影响产生的自增强或抵消效应部分作用微小。这表明在内生增长中，资本与其他因素之间的关系是影响农业产出的重要因素。长期以来，华中地区传统的农业生产方式并没有真正改变。这就要求在加强农业资本投入的同时，还要引进现代生产要素，提高投入产出效率，推进农业现代化。

2. 劳动力

农业劳动力在逐年减少的同时，劳动力的产出弹性却在逐年增加。中部地区可能面临农村剩余劳动力转移或农村城镇化进程加快，导致农业劳动力逐年减少，农林牧渔劳动力的产出弹性值为负。根据要素边际收入递减规律，劳动力弹性系数为负值。从农业劳动力的产出弹性角度进行分析，除技术进步的影响外，劳动力素质对产出弹性有很大的正向影响，并呈现逐年递增的趋势，说明中部地区需要重视农业劳动力的素质培训，通过增加劳动力来提高农业产量。

3. 农作物

主要农作物的有效播种面积逐渐减少，但播种面积的产出弹性呈上升趋势。然而，播种面积的输出弹性与其他因素的输出弹性相比呈下降的趋势。特别是生长迅速的作物播种面积的产出弹性。1990～2017年，主要农作物播种面积的产出弹性从0.137增加到0.191，年平均增长率为1.2%。从播种区的产出弹性构成来看，技术和劳动力素质的影响相对明显，表明技术与劳动力素质和土地之间的互补效应显著。土地不仅是劳动力活动的对象，而且承担着物质成果的效率转化。这一发现也证明，在当前农业土地持续流失的大背景下，采取增加技术投入和土地利用、提高劳动力素质等措施可以在一定程度上弥补农业用地的损失。

（二）农业科技进步贡献率

根据式（4－7）和式（4－8），农业技术进步的计算结果和技术进步的贡献率如表4－5所示。

表4－5显示，1991～2017年，中部地区农业技术进步贡献率平均为39.87%，除1991年和2003年外，其余年份保持在一定水准（见图4－1）。农业技术进步贡献率的影响因素包括狭义上的科技进步率和经济增长率。前者由全要素技术进步率和单因素技术进步率组成，全要素技术进步

表 4-5　1991～2017 年我国中部地区农业技术进步贡献率

年份	输出的增长率	中性的技术进步	偏向技术进步	技术进步率	农业技术进步贡献率
1991	0.015	0.0063	0.015	0.021	1.434
1992	0.151	0.0059	0.015	0.021	0.138
1993	0.084	0.0054	0.015	0.02	0.242
1994	0.068	0.0050	0.015	0.02	0.295
1995	0.131	0.0045	0.015	0.02	0.149
1996	0.104	0.0041	0.015	0.019	0.184
1997	0.074	0.0037	0.015	0.019	0.253
1998	0.033	0.0032	0.015	0.018	0.544
1999	0.050	0.0028	0.0151	0.018	0.357
2000	0.039	0.0023	0.0151	0.017	0.446
2001	0.034	0.0019	0.0151	0.017	0.494
2002	0.041	0.0014	0.0151	0.017	0.405
2003	0.008	0.0010	0.015	0.016	2.117
2004	0.088	0.0005	0.0151	0.016	0.177
2005	0.050	0.0001	0.0151	0.015	0.301
2006	0.060	-0.0004	0.015	0.015	0.244
2007	0.040	-0.0008	0.015	0.014	0.356
2008	0.059	-0.0013	0.015	0.014	0.235
2009	0.050	-0.0017	0.015	0.013	0.268
2010	0.045	-0.0021	0.015	0.013	0.287
2011	0.042	-0.0026	0.0151	0.012	0.298
2012	0.046	-0.0030	0.0151	0.012	0.264
2013	0.041	-0.0035	0.015	0.012	0.284
2014	0.047	-0.0039	0.0151	0.011	0.238
2015	0.0465	-0.0040	0.015	0.011	0.228
2016	0.038	-0.0050	0.015	0.010	0.267
2017	0.038	-0.0050	0.015	0.010	0.260

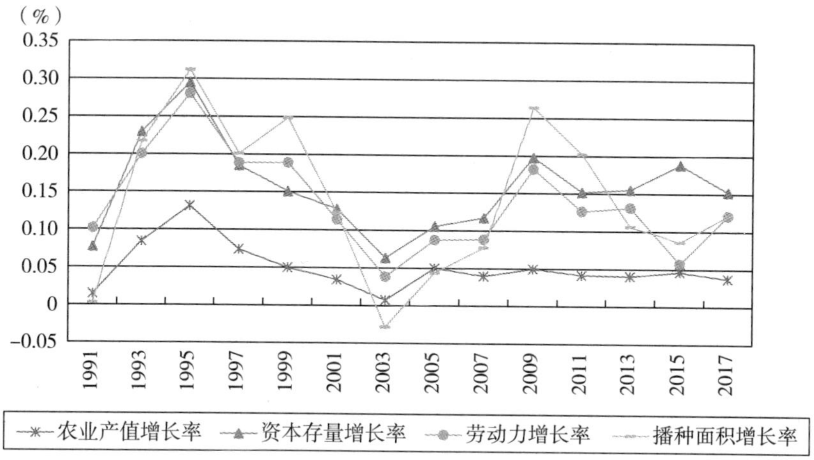

图4-1　农业经济增长和投入要素年均增长率

进步率对贡献率呈现逐年下降趋势。年产量增长率的不规律波动直接导致了农业技术进步贡献率的变化，特别是1991年和2003年的低农业经济增长率，导致了这两年农业技术的巨大贡献率。

图4-1描绘了中部地区劳动力投入趋势。劳动力投入受天气、自然灾害以及主要农作物的播种面积等影响，但整体呈下降趋势。农业资本投入增长速度大于农业总产值的增长速度，表明中部地区的经济增长主要依靠农业资本投入，与之相应的是依靠资本来推动经济增长的空间正在减少。因此，中部地区有必要扩大农业技术投入，走内涵式发展道路。

（三）中部六省农业技术进步分析

中部地区农业经济是一种粗放型、投资型经济，农业增长严重依赖农业资本要素。综合各种投入因素的增长率和农业产值增长率的分析，可以得出结论：农业资本投入与农业产值增长同步。农业劳动力的迁移和农村城镇化进程的加快等因素导致农业劳动力负增长。除个别年份外，主要作物播种面积呈现下降趋势，表明中部地区农业总产值增长主要依靠农业资本投入的增长。通过各因素对经济增长贡献率的比较发现，农业资本要素对经济增长贡献最大，年均贡献率为54.27%，其次是技术进步率为41.71%。农业资本投入放大率（年均增长速度为10.56%）远大于农业经济增长速度（年均增长速度为5.83%），意味着中部地区现阶段农业经济增长主要受投资的驱动，仍属于粗放型、扩大型再生产发展模式。然而，依赖物质资本投入促进农业经济增长的模式将不再高效或适用。

各种因素对农业经济增长的贡献不同，技术进步作为中部地区经济增长的重要推动因素，对经济增长的贡献率应当得到进一步重视与提高。1990～2017年，农业技术进步对经济增长的贡献率高达41.71%，仅次于农业资本投入对经济增长的贡献率。但中部地区资本投入增长速度高于农业经济增长速度。依靠扩大再生产发展农业的增长空间缩小。中部地区需要扩大农业技术投入，促进农业经济向内涵式发展转变，通过技术创新和进步提高农业综合生产力和可持续发展。

人力资本间接促进经济增长。农业人力资本对三个直接投入要素的影响呈递增趋势，劳动力素质与土地的互补效应较为明显，对播种面积产出弹性的影响高达76.70%。中部地区应采取相关措施提高劳动力素质，以促进农业经济发展。

三、中部地区农业产业特征和农村社会环境对农业技术扩散水平的作用路径研究

（一）我国农业技术扩散体系

1. 我国农业技术推广体系现状

农业技术推广体系由不同外部环境下农业技术推广组织、新技术和农业推广目标群体三部分组成（熊桉，2019）。农业技术推广组织分为政府

推广机构和非政府推广组织。

实行家庭联产承包责任制，极大地调动了广大农民从事农业生产的积极性，中国农业经济增长和农业技术进步速度明显加快，我国建立了政府配置科技资源的科技创新体系。1974 年，农林部建立了县级四级农业科学网，包括农业科学研究所、公社农业科学站、生产大队农业科学队和生产大队农业科学组。1983 年，农业部畜牧渔业颁布《农业技术推广条例》，推进乡镇农业技术推广机构建设，明确农业技术推广体系的具体运行模式。1985 年，中央对地方农业科研体制于 2002 年 2 月建立并实施，根据农业科研机构的科研内容分为非营利性科研机构、科技企业，农业机构和大学。2010 年以来，为解决基层农业技术推广资金不足和“断线、断网、散人”状况，农业部收回了乡镇农业技术推广机构的人员、劳动和产权，由农业局统一管理。2012 年，中央提出“一个衔接、两个覆盖”，确保基层农业技术推广服务机构有办公场所、有工作经费、有下乡工具、有服务手段。2019 年，中央财政将继续通过农业生产发展资金支持基层农业技术推广体系改革建设，要求建设一批集示范、培训、指导为一体的多功能农业科技服务平台，经过 40 年的改革开放，我国已进入工业化的后期阶段。在传统小农经济背景下建立的以政府为主导的农业技术创新推广体系已不能满足农业经济向现代化转型的需要。农业技术扩散进入政府和其他企业组织联合引导阶段。

我国农业生产长期以来是小农经济，主要依靠资源、资本和劳动力的投入带动农业经济的发展。第三次全国农业普查数据显示，至 2017 年末，我国小农户数量占农业经营主体的 98% 以上。数量庞大的小农户作为市场主体，存在拥有土地零散、无法大规模集约化生产的特点，且由于农户普遍受教育水平不高，保守性、眼界的局限性导致生产结构单一和缺乏创新，农业产业抗风险能力低。加上小农生产和思维方式导致其对农业技术的接触、体验缺乏强烈意愿和广泛机会。从需求来看，一项农业新技术的研发周期长，且往往需要一系列的配套设备。就目前农业新技术风险大、不侧重设施完善的环境下，农户难以在经济水平十分有限的情况下采用新技术以及购置新产品。

处于小农经济的国情，在很长一段时间里我国农业技术推广体系都是依赖政府“自上而下”的投资和制度安排，由农技推广部门将农业技术推广给农户使用的供给主导型体制，这是一种将农业技术外生化的体系（见图4－2）。科研院所的研发经费基本来自政府的科技投入，科研院所、推广机构、农民和农业企业的农业技术投入资金十分有限。据统计，2019年，农业科技研发（Research and Development，R&D）内部支出中，政府资金占比在80%以上，企业资金占比不到5%，政府每年下拨的科技资金一直是农业R&D的主要来源。

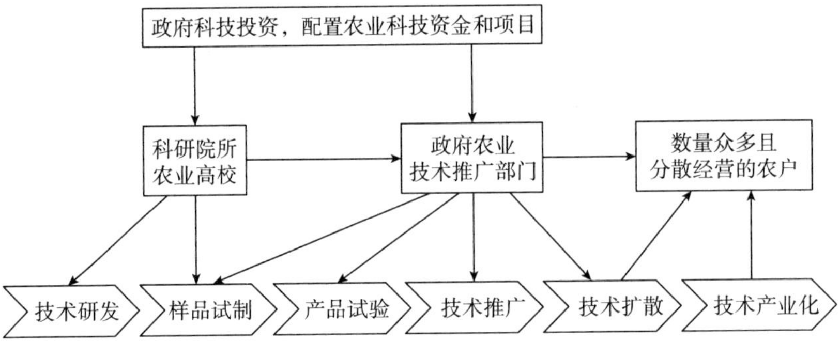

图4－2　外生性农业科技成果转化推广模式

2. 现行农业推广体系缺陷

与发达国家相比，中国农业技术起步晚、基础薄弱。受社会经济体制演变的约束，长期以来我国农业科技推广体制主要采取计划经济体制下的政府自上而下的驱动模式，农民被动接受。在技术追赶阶段，这种供给主导型农业推广体系作用明显。在改革开放初期，这种统一指挥的计划型农业技术研发和推广为小农经济的稳定和国家粮食安全提供了技术支撑，对落后的农业生产起到了很大的提升作用（陈夏莉，2011）。随着经济社会的不断发展，农村经济水平和农村社会阶层结构发生了显著的改变，城镇化、现代农业理念加速了农村居民思想观念的更新和转变。在经过40多年改革开放进入新时代的中国，传统的小农经济出现了不一样的创新形式，向现代农业转轨。现行的供给主导型农业推广体系这种政府进行农业技术资源配置的形式具有很强的行政性，使得科研院所为获得更多经费摈弃农户这一研发服务对象转而向国家政策指导靠拢，极易出现与基层需求脱节或配套设施研发不完善的情况。目前面临的人力、土地资源问题和城乡二元化等矛盾表明以政府供给主导型的农业推广体系不再适用于现代农业。

供给主导型农业推广体系不再适用的主要体现如下：

（1）科技创新的市场定位不明确，农业科技成果质量不高。在现行科研体制下，农业科研人员的科研经费主要来自政府。科研机构和农业大学是科技成果的提供者。科研人员的评价和聘用是以发表论文、经费数额、获奖水平等量化指标为依据。他们一味强调学科应用和学科学术价值，脱离了农业科技创新的初衷——真正使农业易于操作、提高农业生产水平，在农业推广层面是不现实的。大量科技人才集中在科研院所和农业大学，发明人创新成果的权利属于单位，降低了科研人员技术发明和成果转化的积极性。这种情况造成了技术单一、综合配套技术少、常规技术多、突破性技术少、学术价值高、实用价值低的尴尬局面。据统计，农业专利平均生存时间和维持时间分别是6.4年和3.1年。生存时间在2～7年的占比为67.58%，维持时间集中在0～3年的占比为68.63%；生存时间和维持时间超过10年的占比为14.58%和5.35%，说明科技成果长期有效性不足，为了科研而科研。农户意愿使用的成果仅为推广成果总数的10%左右，使用意愿不高的成果占比却达到40%～60%，说明技术创新的导向不明晰，农户需求与农业实际未能传达（丰延东，2020）。这种来自政府、科研机构、技术推广部门和农民的技术转移模式导致农业基础研究与应用研究不协调，不同研究部门之间缺乏及时沟通，分工不合理，科研缺乏专业化，科技成果转化成本上升，科研人员和农业技术推广人员对农民的技术需求缺乏了解。农户使用的技术不是源自农户自身的意愿，造成研究成果的应用价值大打折扣，国家投入不能发挥应有的作用。

（2）农业生产技术市场运行不畅，科技成果有效需求不足。在市场运行方面，一是国家还没有针对农业科技创新体系和能源技术市场建立完善的法律法规，不能有效地对农业生产技术交易市场进行管理；二是中介部门运行不规范，农技推广部门特别是乡村农技推广人员学历和技术知识水平有限；三是市场中的农民地位和占比低，市场需求主体不足。农业新技术的早期采用者一般是具有较高文化水平和前瞻性的年轻人，具有较高文化水平的农民采用新技术的技术效率也较高。但是，目前农村还存在着大量年轻劳动力向城镇转移、农民知识水平有限、农民技术采纳能力和自主需求低等问题。此外，农民收入水平低。2019 年，农村居民人均可支配收入 16020.7 元，人均消费支出 13327.7 元。只剩下 2693 元用于生产和储蓄，农民很难为科技成果埋单。因此，一些区域性农业科技成果只能由农民免费使用，还要免费提供技术服务。农民在“搭便车”的状态下使用技术。“搭便车”是指在集体行动中，个人或组织从公共物品中获益，但既不提供公共物品，也不分担公共物品集体供给的成本，而从其他人或组织的努力中获益的现象。农民对单一的技术突破不感兴趣，更注重能直观感受的全套技术成果。但现实中，整套农业推广体系只占农业推广体系的一小部分，农民对技术的需求处于潜在状态。

（3）农业风险大，新技术成果转化困难。由于农业自然环境的差异，农业科技成果的转化不具有普适性，在研究院所得到的优异结果有可能在实际操作中大打折扣，甚至造成减产，损害农户信心。科技成果的推广要经过物化和熟化两个中间试验阶段，确保新技术的高转化水平和不断改进新技术。由于需要一定的投资规模和长期观察，中间试验的结果无法保证，导致采用新技术的风险很高，普通农民难以承受；农业企业不愿在形成完整的经营过程之前独自承担风险而且增产数据难测，所以他们是第一批吃螃蟹的人；科研单位的中试基地受到规模、时间、资金、配套设施等的限制，无法完全模拟成果转化过程。新技术的转化风险高、难度大的问题在农技推广中尤为突出。

（4）可能存在的过度行政干预。我国自上而下的政府型农业技术推广体系是科研机构以国家政策为导向进行研究，再通过省、县各级政府行政组织和农技推广部门示范与推广服务的体系。但国家对农业发展做出的宏观层面的指示具有前瞻性和革新性，很多情况下并未能直接套用在下层主体当前的需求上。政府在农业技术市场上把控过严，导致推广的农技不能结合环境、资源等因素精确指导。政府掌控农业技术研发的方向，假如不再持续提供资金投入，那么整个研发过程将完全停滞。市场机制不排除行政干预，合理的行政干预能有效促进农业技术的推广。然而，不合理的行政干预会导致政府目标偏离农民目标及资源配置不合理。这种行政组织和科研机构与农业经济需求割裂的现状大大降低了农技推广效率，加大了管理的烦琐程度。

由上述分析可知，政府主导型农业推广体系导致了农业技术供给、需求双方的失灵，其主要原因是不断发展的农业市场主体需求不明以及技术要素未投入市场发挥出应有的调控作用。政府投入的资金并未在科技研发、成果转化、农技扩散与应用中实现投入和产出的链式循环。

（二）中部地区农业产业特征和农村社会环境对农业技术扩散水平的作用路径

1. 农业产业特征和农村社会特征与农业技术扩散间的关系

农业技术扩散环境是包括农技扩散的自然环境、经济社会环境和技术发展情况，是指在一定时空范围内对农业技术扩散方向、速度和模式产生影响的各种外部因素的总和（李争，2019）。

曼斯菲尔德构建了一个既能满足企业需求又能满足农民个体需求的技术扩散模型。该模型以技术采纳者和潜在技术采纳者之间的相互作用、技术采纳后的利润和技术采纳所需的投资为关键因素。影响技术扩散的因素大致可以分为产业本身的特点和产业所处社会的特点两部分。产业的规模和利润水平、投资的风险和回收期决定了产业技术扩散的水平。产业利润率越高，产业风险越小，产业投资回收周期越短，技术扩散速度越快；技术扩散的社会特征对技术扩散速度模式的选择有很大影响。信息交流与传播的方式、技术采纳者的吸收能力和对新技术的需求成为技术扩散过程中的阻力或帮助。此外，扩散技术本身的复杂性及其与当地环境的相关性也不容忽视。

2. 农业产业特征对农业技术扩散的约束

（1）农业同质化程度高，利润微薄。尤其是以粮食为代表的农产品在市场上的竞争程度激烈，农产品市场具有接近于完全竞争的市场结构，农民在盈利能力低下的情况下难以激发出提升技术生产能力的动力。

（2）农产品的生产周期长，农户存在盲目投产情况。农产品在其生产周期内占据了农户所有的土地资源和精力，种植过程中难以调整。而农户往往根据当时农产品价格确定播种面积，造成一时价格波动导致的需求误判或同一批次农户农产品收成造成的价格骤跌情况。这种农产品的周期性和缺乏预见性严重损害了农户的利益，进而导致农业技术扩散接受意愿低。

（3）农业产业难以规避的风险导致的农业技术扩散水平不高。农业产业的生产周期长又难以把控，极易受环境自然灾害影响，在以小农经济为主的中国可以说是“靠天吃饭”的产业。农产品存储条件高、保鲜时间短的特点加大了运输和销售的损失。农业生产经营过程是生产风险、自然风险和市场风险的多因素叠加，它增加了农业经营的市场失灵频率，大大降低了农业技术扩散的需求动力。

（4）自然资源和区位条件的差异对农业技术扩散速度和程度的影响。自然资源包括土地资源、旅游资源等，决定了农产品生产种类和规模。不同农业技术在特定自然资源下的表现有着显著的区别。农业技术的推广在被企业和农户接受之前，需要先对推广主体加以选择。区位条件为农技扩散地区与邻近地域的空间距离和区位联系。空间距离小的地区广泛、快速地接受新技术，信息交流更加频繁、准确，减少了技术引进、技术交流与合作的时间和成本，共同促进了农业技术的扩散。

3. 农村社会环境对农业技术扩散的约束

（1）文化因素。技术扩散研究涉及社会文化环境，包括意识形态、文化传统、文化同质性等，文化往往与社会惯性联系在一起，在特定的社会环境中对农民、农业技术推广人员和政府产生潜移默化的影响，从而对产业技术扩散产生强烈的影响和制约。中国有悠久的农业文化。中国农村社会是一个由血缘关系、地理关系和产业关系构成的熟人社会。“微分序模式”的特征显著（董君，2012）。熟人社会中的差序格局在很大程度上左右农户的价值判断，使其组成“有机的团结”的礼俗社会（王江，2010）。由于农业技术参与主体的社会网络类型和关系的不同，对农业技术的认知、评价和决策的差异最终会影响农业技术的传播和采用。不同的社会网络类型和地域对农业技术扩散的影响不同。

（2）社会支撑条件。每一项新技术的推广和运作都不可避免具有初期投入大、风险高、不确定性大的特点，要求农业企业和农户有足够的资金条件，用以购置技术配套设备等。如果投资环境欠佳、企业和农户资金投入不够，将直接阻碍新技术的广泛扩散。技术的扩散依承于区域内的基础设施条件，要想农技扩散达到良好效果，必须保证农业技术信息的顺利传播，形成技术推广主体与客体的有效沟通。

当前我国农村信息化基础设施不健全，农村信息化程度和水平虽有提升，总体而言，还处于相对落后的状态，信息化程度呈现区域发展不平衡的趋势。信息发展的相对滞后性和异质性阻碍了农业技术信息的交流、传播和扩散。

（3）人力资本。农村人力资本是实现农业经济增长的重要因素（董君，2012）。改革开放以来，经济增长方式从依赖物质资本积累逐步转向依赖技术和知识转变的过程，对农业从业人员水平提出了更高的要求。农业新技术往往在受教育程度更高、更年轻化群体中得到良好推广。农民对农业科技的重视程度和学习、接受能力越来越影响农业技术的有效扩散。

（4）农技推广体系。农业技术推广是农业技术扩散的主要途径之一。在农业技术扩散过程中，农业技术扩散者向目标群体提供信息、了解需求、传授知识、交流情感，可以改变他们对新技术的态度，促进农业技术的传播。不同地区农业技术的差异性、推广对象的群体性特点以及推广对象所处的独特环境要求农业技术推广必须建立在推广机构与推广对象之间良好互动的基础上。

目前，农业科技成果大多只能留在实验室，没有及时的宣传示范，一些推广成果还缺乏技术服务。我国农业技术推广中普遍存在“断线、断网、散人”现象。许多基层农业技术推广组织设施陈旧，农业技术服务与农业管理结合不紧密，农业技术推广未能充分考虑农民需求，基层农业技术推广资金紧张。农业技术推广体系的落后，极大地制约了农业技术的推广。

4. 中部地区产业特征与农村社会环境分析

（1）农业在中部地区经济发展中的地位。中部大部分地区属于粮食主产区，传统农业在中部经济中仍占有重要的地位，具有人多地少、土地碎片化的特点。2018 年，中部地区农业增加值占 GDP 比重为 8.30%，高于同期全国 7.02% 的水平；农业从业人员就业比重为 33.85%，高于同期全国 26.11% 的水平（见表 4－6）。这些数据有力地表明，中部地区经济增长主要由传统农业带动，中部地区传统农业的贡献远远大于全国平均水平。

表 4－6　2018 年农业在中部地区中的地位　　单位：%

地区	农业增加值占地区生产总值比重	农业从业人员占就业人员比重
山西	3.03	33.69
河南	6.07	35.36
安徽	4.77	30.87
江西	0.27	27.51
湖北	5.10	33.97
湖南	7.31	39.12
中部	8.30	33.85
全国	7.02	26.11

注：根据 2019 年各省经济统计年鉴数据整理得来。

（2）中部地区农业在全国农业发展中的地位。中部六省是我国重要的农业大省，是重要的商品粮基地和最重要的粮食产区和育种生产基地。如表4－7所示，2018年，中部地区农林牧渔业总产值占全国农林牧渔业总产值的25.48%，农业增加值占全国农业增加值的25.31%，农村人口占全国的33.47%，农村就业数占全国的39.23%，第一产业从业人员占全国的38.34%，农作物播种面积占全国的29.36%。这些都可以说明农业在中部六省经济发展中所起的重要作用。

表4－7 2018年中部地区农业和农村经济基本情况

地区	农林牧渔总产值（亿元）	农业增加值（亿元）	农村人口数（万人）	农村就业数（万人）	第一产业从业人员（万人）	农作物播种面积（千公顷）
山西	1460.64	510.09	1546.46	893.00	643.80	3555.16
河南	7757.94	2917.70	5267.00	4675.00	2366.00	14769.06
安徽	4672.71	1432.79	2865.22	3000.00	1353.60	8771.11
江西	3481.30	59.93	2044.00	1470.44	725.20	5555.90
湖北	6207.83	2008.90	2349.05	1492.00	1216.00	7952.90
湖南	5361.62	2664.30	4806.86	1874.73	1462.38	8109.00
中部	28942.04	15983.47	18878.59	13405.17	7766.98	48713.13
全国	113579.50	63161.09	56401.00	34167.00	20258.00	165902.00
中部占全国比重（%）	25.48	25.31	33.47	39.23	38.34	29.36

注：根据2019年各省经济统计年鉴数据整理得来。

（3）中部地区内部农业发展情况。中部地区是中国传统农业的优势区，农业自然资源和生态环境相对较好，为农业的发展奠定了良好的基础。虽然农产品总量大，但市场竞争力弱；农业科技含量低，大量农业科技人才资源浪费，农业自然资源利用不好。此外，由于农业资源、农业投资和农业基础设施的不同，农业竞争力也存在一定的差异。

表4－8是中部六省2009～2018年平均粮食全要素生产率变化及其分

解情况。从中可以看出，这一期间，湖北和湖南的年均粮食全要素生产率是下降的，年均分别下降了0.8%和0.5%，其余四省都是上升的，其中山西的粮食全要素生产率上升最多，达到了3.1%，江西、安徽和河南分别上升了2.2%、1.4%和0.8%。从全要素生产率分解看，在技术进步方面，进步的地区是江西和安徽，年均技术进步率分别增长2.2%和0.1%；河南技术进步保持不变，既没有进步也没有退步；退步的地区为湖北、湖南和山西，年均技术退步率达到0.6%、0.5%和0.2%。在技术效率方面，技术效率提升的是山西、安徽和河南，分别提升3.2%、1.3%和0.8%；江西和湖南技术效率没有变化；只有湖北的技术效率降低了，年均下降0.2%。从技术效率进一步分解为纯技术效率和规模效率的角度看，2009~2018年，纯技术效率方面，只有安徽年均增长0.9%，其他五省纯技术效率没有变化。在规模效率方面，山西、河南和安徽规模效率有所提升，年均分别增长了3.2%、0.8%和0.4%；江西和湖南的规模效率没有变化；湖北的规模效率年均下降了0.2%。

表4-8　2009~2018年中部六省粮食全要素生产力变化及其构成

地区	技术效率	纯技术效率	规模效率	技术进步	全要素生产率
山西	1.032	1.000	1.032	0.998	1.031
河南	1.008	1.000	1.008	1.000	1.008
安徽	1.013	1.009	1.004	1.001	1.014
江西	1.000	1.000	1.000	1.022	1.022
湖北	0.998	1.000	0.998	0.994	0.992
湖南	1.000	1.000	1.000	0.995	0.995
均值	1.009	1.002	1.007	1.002	1.010

资料来源：林思辰，刘林煦，张利国．中部地区粮食全要素生产率实证分析——基于2009~2018年省际面板数据［J］．南昌航空大学学报（社会科学版），2020，22（3）．

（4）中部地区农业产业结构趋同化问题。中部地区在发展现代农业的过程中，一些地方出现了农业产业分工不清、产业结构趋同的现象，严重制约了中部地区现代农业和农业产业化的发展。一方面，中部地区以粮食产业为主，产品深加工不足，优势农产品产业布局分散，尚未形成规模化的主导产业；另一方面，中部地区自然资源相似，农业产业发展缓慢，农产品生产日益趋同，尚未形成完整的产业链，企业和农业合作组织实力薄弱，农产品生产、加工、流通、销售之间存在差距，无法有效衔接。中部地区发展现代化农业的 SWOT 矩阵如表 4－9 所示。

表 4－9　中部地区发展现代化农业的 SWOT 矩阵

条件环境		内部优势（S）	内部劣势（W）
		①生产条件优越，自然资源禀赋好 ②劳动力资源丰富，农业地位突出 ③区位优势明显，交通发达 ④拥有较强的农业科技力量	①资金短缺，投入不足 ②农村基础设施建设薄弱 ③资源与环境的双重约束 ④人口增长与收入增长缓慢的双重压力
外部机会（O）	①宏观政策环境 ②经济发展潜力 ③其他地区农业现代化经验借鉴	SO 策略（发挥优势，利用机会） 现代农业检查“高效生态”的发展目标	WO 策略（利用机会，克服劣势） 政府财政增加现代农业发展资金
外部威胁（T）	①机制不完善 ②体系不健全 ③农业产业结构趋同	ST 策略（利用优势，回避威胁） 发展各种类型农业经济主体	WT 策略（克服劣势，回避威胁） 优化中部地区现代发展政策环境和条件

资料来源：李谷成，范丽霞，冯中朝．资本积累、制度变迁与农业增长——对 1978～2011 年中国农业增长与资本存量的实证估计［J］．管理世界，2014（5）：67－79，92.

国家出台的《促进中部地区崛起规划》、《中共中央　国务院关于新时代推动中部地区高质量发展的意见》，为中部地区发展提供了有力支撑。中部六省要抓住地理位置相近、区域农业生产资源自然条件相近、农业基础设施相对完善等优势，进一步提高农业竞争力。

四、基于现代农业与新型城镇化的中部地区农业技术扩散路径研究

（一）农业现代化

农业现代化是指从传统农业向现代农业转变的过程，是完善中国特色社会主义市场体系，加快供给侧改革，解决农业经济增长中“高投入、高消耗、高污染、低效率”问题的重要途径。党的十九大在全面建设小康社会第一个百年奋斗目标的基础上，提出了两个阶段的第二个百年奋斗目标，明确提出到2035年基本实现现代化，到21世纪中叶全面建成社会主义现代化强国。农业现代化作为四个现代化战略目标之一，对我国经济社会发展具有重要意义。农业是国民经济的基础，农业发展的稳定性直接决定着社会稳定的程度。发展农业现代化是适应工业化和城镇化协调发展，为工业化提供技术人才和劳动力，促进农业人口向城镇化转移的发展。目前，中国人口13.95亿，农村人口仍有6亿左右。可见，实现农业现代化，需要统筹城乡发展，全面带动农村农业经济发展，推动农业科技产业转型，建设现代新型农民队伍（夏刊，2012）。

科技与农业的融合是农业现代化的根本内涵。当前，我国农业增长方式已由自给自足、单一结构农业向市场化、多元化结构农业转变，由资源依赖型农业向科技支撑型农业转变。我国农业发展的方向是优质、高产、高效、低耗、生态、安全的现代农业。

从地理上看，我国农业现代化发展水平不均衡，呈现由东向西逐渐递减的分布格局。农业农村现代化发展水平高于全国平均水平的省份主要分布在经济发达的东部和中部地区，而西部地区农业农村现代化发展水平相

对落后。从现代化的角度看，中国的小农生产不容忽视。

小农是农业的微观主体，在特定的资源禀赋下，以家庭为单位，将生产与消费相结合。小农生产方式的实质是农户经济。小农作为一个生产单位，在市场流通中经济效率低，交易成本和信息成本高，在技术推广体系中处于被动地位。当前，农业农村发展进入了一个新时代。农业经济呈现小农逐渐减少、土地日益集中的趋势。然而，小农将长期存在，小农户仍将占大量户籍（张红宇，2019）。

农业技术创新与扩散是实现农业现代化不可缺少的因素。但是，我国农业科技相对落后。据测算，以美国为代表的发达国家农业科技成果普及率达到 80%，农业科技对农业总产值的贡献率达到 75% 以上。2020 年我国农业科技进步贡献率仅达到 60%。基层农业技术推广体系建设滞后，科研成果转化不成熟等问题严重制约了现代化的步伐。

（二）城镇化

城市化进程以科学发展观为指导，不是以牺牲农业和粮食、生态和环境为代价，而是以统筹城乡发展和城乡一体化为基本目标，促进经济社会发展。城镇化发展有利于城镇的文化、教育资源向农村倾斜，提升了农民的整体素质和向外拓展机遇。城镇化通过市场机制为农村基层部门和组织引入先进的农业生产技术、管理制度理念和机具设备，将加快农业产业效率和农业技术更迭速度。城镇化还将吸引农村剩余劳动力向城市转移，为城市发展注入崭新活力，并通过城乡统筹发展为农村带来资金和基础设施上的支持，从而反哺和带动农村发展。

城乡分离体现了历史进步性，是生产力发展到一定阶段的结果，城乡分离能更好地促进经济进一步发展及农业产业现代化发展。城镇化虽然在不同的历史阶段发挥了重要的历史作用，带来了人口红利，但是快速的城镇化和相对落后的农业生产水平造成了城乡差距拉大、城市与农村联系减弱的现象，乡村发展缓慢、农村人口持续流出、农业生产萎缩等城乡二元对立问题长期存在（龚锐等，2020）。现阶段，我国经济由总量不足转变为结构性矛盾，主要表现为城乡发展的不平衡、农业或农村发展的不充分。要解决城乡二元矛盾，就需要政府通过统一部署，统筹城乡规划建设、产业发展、管理制度和收入分配四大内容，将城市和农村的发展紧密结合，同时更加注重公平、关注农村发展，充分发挥政府的经济职能作用，推进城乡产业技术水平协调化、产业结构比例和空间布局合理化共同发展。科技创新作为现代发展的核心动力，能够激活农村生产要素、吸引现代生产要素向农村和农业聚集、将传统的粗放式农业改造为现代集约式农业、促进农业经济高质量发展，从而实现城乡统筹协调发展。

（三）中部地区农业技术扩散情况

1. 中部六省国民经济发展情况分析

中部地区地处中原腹地，毗邻长江、淮河两岸，地理条件良好，区位优势明显，是我国棉花、粮油主产区，是我国重要的农产品和商品粮生产基地。然而，进入21世纪以来，中部六省的经济发展与其他地区相比，尤其是与东南沿海地区相比，明显下降。“中部崛起”战略确立了中部六省作为装备制造业和高新技术产业基地、粮食生产基地、能源原料基地的定位，提出了把中部六省建设成为交通枢纽的任务。中央出台的一系列措施正是针对中部六省人口密度高、市场潜力大、经济发展前景广阔等特点。

2019年，只有河南GDP超过5万亿元，其次是湖北和湖南，GDP分别为4.58万亿元和3.98万亿元，安徽GDP为3.71万亿元。山西和江西较落后，山西总量最少，仅1.7万亿元。可见，中部省份之间的经济总量差距较大。

2. 省域区域经济发展水平的非均衡性

我国自改革开放以来实行了区域非均衡发展政策，为东部地区出台优惠政策以及设立经济特区，加大了中国进出口贸易和产业升级，推动以东部地区为主的经济蓬勃发展。然而非均衡发展战略同样带来了地区间的经济发展差距，且持续拉大，我国区域经济发展水平差异性明显。

如表4－10所示，湖北、河南、湖南、安徽、江西处于第三梯队（经济发展水平较低），山西处于第四梯队（经济发展水平较低）。东部地区经济发展水平总体高于中西部地区。我国经济发展水平由东南向西北呈下降趋势，区域经济发展水平存在显著差异。

表4－10 我国省域区域经济发展水平指数及等级划分

排名	地区	等级划分
1	上海	第一梯队
2	北京	
3	天津	
4	江苏	
5	广东	第二梯队
6	浙江	
7	山东	
8	辽宁	
9	福建	
10	重庆	第三梯队
11	湖北	
12	河南	
13	内蒙古	
14	四川	
15	湖南	
16	河北	
17	安徽	
18	吉林	
19	江西	
20	陕西	
21	新疆	

续表

排名	地区	等级划分
22	山西	第四梯队
23	云南	
24	黑龙江	
25	海南	
26	广西	
27	贵州	
28	宁夏	
29	青海	
30	甘肃	
31	西藏	

资料来源：李晓江，尹强，张娟，张永波，桂萍，张峰．《中国城镇化道路、模式与政策》研究报告综述［J］．城市规划学刊，2014（2）．

3. 科技创新能力的差异性

区域科技的发展水平与区域的科技资源和投入直接挂钩，一个区域内从事科研活动的活动人数、人才质量，特别是政府在科技研发中的财政投入比例可以衡量当地政府对科技创新的重视程度。

2019 年，我国从事科技活动的专职相当于 480. 1 万人年，其中东部地区为 217. 5 万人年。而中部、西部、东北地区从事科技活动的职工总数仅为 97. 6 万人年，不到东部地区职工总数的 1/2。我国东部地区 R&D 经费支出为 9143 万元，中部地区 R&D 经费支出为 2823 万元，不到东部地区的 1/3。可见我国中部地区的科技劣势十分明显（见表 4 - 11）。

表 4 - 11　2019 年我国分地区区域科技资源

地区	R&D 人员全时当量（人年）	R&D 经费支出（万元）
东部地区	2175406	9143
中部地区	600051	2823

续表

地区	R&D 人员全时当量（人年）	R&D 经费（万元）
西部地区	297364	3177
东北地区	79007	4501

资料来源：根据《中国统计年鉴（2019）》数据整理得出。

五、城乡协调发展下中部地区农业技术经济子系统的重构研究

在工业化和城市化快速发展的进程中，农业经济体系的重构是在农业经济地位下降、农村经济结构调整等多种因素相互作用下产生的。重塑农村社会经济结构的过程，是农村服务部门兴起与地方服务合理化、城乡人口流动与社会发展因素重构的过程。

中国长期以来的小农经济基本上依赖资本和人力投入实现农业产业的扩大，且往往出现事倍功半的效果。而在重视知识管理、科技驱动的当下，小农户的规模、经济和眼界的局限性决定了小农户对于农业技术的接触、体验缺乏强烈意愿和广泛机会。以农民产业合作社为代表的农业新型经营主体的大量增加和规模化经营，为城乡协调发展下中部地区农业技术经济子系统的重构研究奠定了基础。《中华人民共和国农民专业合作社法》对农民专业合作社的定义是：农民专业合作社是在农村家庭承包经营的基础上自愿联合、民主管理的互助经济组织，类似农产品的生产经营者或者类似农产品生产经营服务的提供者、使用者。

新型农民专业合作社的发展带来了两方面的优化：一是合作社具有较强的生产组织能力，基本形成了相对固定的生产组织模式和管理机制，能够更好地控制生产的各个环节，及时组织协调各项生产措施的实施；二是

技术整合，种粮大户和粮食生产合作社更愿意接受好产品，农业技术可以通过播种等方式在农业合作社免费宣传推广，科学播种施肥，使用大型机具（姜睿清，2013）。利用好农户和农业合作社间这种自发的集体沟通桥梁，就能有效分担大部分选择和引进新技术并本土化改进的时间和精力，也节省了农技推广组织搜寻零散农户和教学的成本。

（一）城乡协调发展背景下的农业科技

在城乡协调发展的背景下，农业科技就是要实现城乡生产要素资源的优化配置和合理便捷的流动。促进城乡生产要素资源科学合理配置，是统筹城乡发展的关键。实现城乡要素市场一体化就是要让土地、资金、人才、技术、信息、劳动力等生产要素资源自由流动，优化组合，有效利用，促进城乡要素市场的全面发展，城乡协调可持续发展。

国家已进入以工促农、以城带乡的发展阶段，到了农业现代化的关键时刻。要努力解决城乡二元化问题，形成城乡经济社会发展一体化新格局（贾全明，2012）。统筹城乡发展是解决“三农”问题的根本途径。在农业生产资源短缺、农产品国际竞争力降低的背景下，农业技术进步与扩散成为发展中国家摆脱转型期困境的根本途径。

在当前城乡协调背景下促进农业技术扩散，一是要优化农业或农村发展环境，激活要素功能，释放要素潜力，通过推进“三权分置”改革以及构建和完善公平的市场化土地流转机制，积极推进农村土地流转，促进农业适度规模化、专业化和市场化，提高农业生产经营的创新意识、市场意识、技术和管理含量。

二是要完善农产品价格机制。农产品价格对农民采用新技术有很大影响。我国农产品价格形成机制不完善，农民在农产品价格形成过程中处于不利地位。因此，农产品市场价格不能反映农产品的真实价值，容易打击农民增产、提高生产能力的信心，造成农业技术推广缓慢。为加快农业科技的进步，政府应加大农产品价格的监管力度，在农业市场出现农产品价格过低时按照国家储备体系要求的价格收购。只有农民的最低收益得到保障，才能激发其采纳和学习新技术的意愿，从而加快农业技术扩散速度。

三是继续完善农村基础设施建设，提高农业抗风险能力和农技信息的传播能力。产业风险和信息交换的程度会影响技术的扩散。加强农村基础设施建设是推进农业现代化的最基本要求。它不仅是提高农业抵御自然风险、提高农业生产稳定性的基础，也是影响农业新技术信息传播的重要因素。加强农村基础设施建设特别是道路交通、水利工程和通信网络的硬化改造刻不容缓。

四是加快农村职业教育的发展，提高农民科技学习能力。农村劳动力接受职业技术培训的比例偏低，农村专业技术人才不足。《中国新型职业农民培养发展“十三五”规划》强调加强职业农民培训，培养有文化、有技能、有操作能力的新型职业农民，适应农业现代化的要求。结合当前农村发展实际，政府应重视农民之间的人际交往，加大对农村职业教育的投入比例和力度，农业技术推广机构应组织开展农业技术培训等活动开展以农业经济组织为主体的现代农业技术教育培训，提高农民科技素质和科技学习积极性。

五是构建以农户需求为基础的农业技术经济系统，完成农技推广与农户需求的高效对接。通过完善现行的晋升制度或技术要素市场化等手段，引导农民，增强知识，提高技能，转变态度，增强自我决策能力，促进其自愿行为转变。

（二）农业技术经济子系统重构思路

1. 技术要素市场化

农业技术经济子系统要重构，关键在于现行政府由上而下运行的农技推广体系中不参与市场运行的技术要素的市场化。当把技术作为一项可调控的要素纳入市场调控和配置中，就能自然重视农业技术推广真实主体，加大新技术的实际转化效用和吸引力。

将技术商品化、资本化看作同劳动、资本一样的生产要素纳入农业经济体系中，参与流转和利益分配，可以在大大降低国家投入的研发和推广成本的同时刺激技术市场活跃性，明确科研的目标导向和加强技术扩散能力。在农业技术经济系统中，农业企业或其他组织自发、有偿的选择和使用新技术。技术使用群体将支付技术成本，无论是直接购买还是实施技术入股，抑或是通过签订技术转让、承包和服务合同，都能使发明人得以获得相应的报酬，促使其对新技术欢迎程度的判断并投入新一轮研发中。我们可以将专利的共同使用权反复卖给龙头企业、农民合作社、家庭农场和专业大户，技术将被越来越多的农业企业掌握，并进一步推广到千家万户。至此，已经形成了从研发、科技成果转化到推广、最终回归研发的闭环资金流和信息流经济体系（李冰，2019）。

农业产业较其他产业更易受自然环境影响的特点，可能导致一项技术在实验阶段成效良好，但最终的成果转化不尽如人意或蒙受损失的情况，即新技术的采纳蕴含风险。技术要素内生化的处理能很好地解决风险分摊问题——科研机构将技术成果以专利或股份等形式注入农业企业中，通过支付或分红可以进入技术不断进步、问题不断突破的科研中，不断及时化解农业科技创新风险；农业企业可以通过收购、转让等方式获得新技术投入生产分享，并从农产品产量中获得收益和利润。采用新技术对企业增加收入的作用越明显，企业采用新技术的力度就越大。这时科研机构与农业企业共担风险、共谋利益的长效机制就形成了。农业科技经济子系统的建立，就是要建立以利益为纽带的内生机制，鼓励科研机构、新型经营主体和农民以“科技经济一体化”为共同目标。

2. 农业技术经济子系统的政府角色

技术要素的市场化处理将政府从科技资源配置和行政干预技术推广工作中解放出来，以技术市场及价格调节农业技术供求关系。

一项优质的农业科技成果出现在市场上，甚至不需要主动进行扩散就能引起商业价值的多方竞价，技术转让的价格越高，技术投资的利润就越丰厚，用于技术调整和相关技术研发的资金也就越多。通过技术市场和价格竞争，不仅刺激了需求者采用技术，也刺激了供给者提供更新的技术，这是技术市场交易制度的内生动力（沈力钧，2020）。

在农业技术经济体系化后，政府对农业技术的管控应转为对技术和发明人的制度保障。只有当技术转化和交易的产权清晰，交易透明且成本低廉，才能让发明人或研发机构以及需求方放心投入和交易。政府应通过知识产权交易制度、技术市场交易规则等一系列政策，促进农业科技的研发、转化和推广，建立完善的法律法规和完善的市场管理与监督体系，实施科技成果转移政策，确保农业技术交易的顺利、公平进行。

（三）中部地区农业技术经济子系统的重构

农业技术经济子系统按照经济和农业技术扩散属性可分为经营性、准公益性和公益性三大类，不同类别领导主体与模式不同（丰延东等，2020）。

1. 经营性农业技术“科研机构 + 新型经营主体 + 农户”模式

育优农作物品种、种植技术和机具发明等经营性农业技术容易申请专利，且竞争市场广、盈利程度高的特点，可以采用直接将技术要素引入市场的方式，通过物化的签订专利转让、技术入股合同等有偿方式完成农业新技术流向市场和成果转化。这种自下而上的农业技术选择使得市场主体愿意通过抢占经营性农业技术获得利润，并与科研机构形成合作关系分担风险和形成科研机构技术资金投入技术改进的良好循环。

随着农业现代化进程的推进，以农民合作社、龙头企业、家庭农场为首的新型组织化经营主体在农业科技创新和农业经济发展中起着越来越重要的作用（见图4－3）。在农技扩散资源有限的前提下，高度的组织化能运转更加稳定的资金链和降低对风险的厌恶程度，激发农业主体为追求利益而进行农业技术投资（李冰，2019）。将农民合作社和农业龙头企业作为对接科研机构有偿的经营性农业新技术和分散农户的桥梁，利用农民合作社组织等成员间自发的带动和扩散作用将通过中试的优秀新技术和先进的经营理念传递给数量众多的小规模生产农户；龙头企业则通过与农户合作，安排专业化、标准化农业生产指导、将具有竞争优势的经营性新技术教授给农户。“科研机构 + 新型经营主体 + 农户”的模式推动技术要素的快速流通，达到共赢，共同提升农户和合作组织的农产品质量。

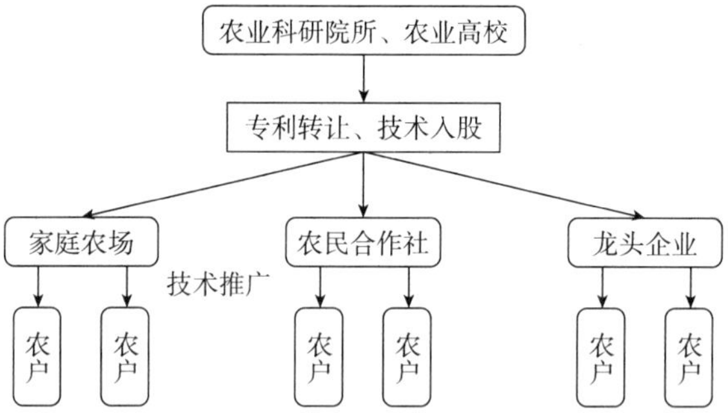

图 4-3　经营性农业技术成果的扩散

这种科技要素从科研机构到新型经营主体再到农户的技术经济模式提高了农业技术的扩散效率、降低农业技术推广成本，新技术采纳风险层层分摊，农户的农业技术采纳水平显著提升。

中部地区想要完成农业技术经济系统重构、实现现代化农业发展，就需要在农业技术经济发挥中部地区自然条件和资源禀赋优势。各省把握自身优势农业，注重农产品地理标志，通过农业科研的针对性创新和新型组织的联动作用打造当地特色品牌，为农产品附加品牌效应。以农业核心技术为支撑的特色农产品品牌将形成区域的技术产业化和规模集聚效应，进一步促进特色农业产业的发展，实现现代农业可持续发展。

对中部六省的特色产业分析如表 4-12 所示。我国中部地区地形以山地和丘陵为主，平原主要分布在湖南、湖北和江西三省。起伏相对和缓的地形在发展种植业和林牧业中占优，中部各省应根据不同区域地形结合已有产业特色进行具体的农业产业调整和布局，实现最优化配置。

2. 公益性农业技术“科研机构+政府技术推广部门+农户”模式

经营性农业技术可以利用市场机制得到很好推广，但公益性农业技术，如动植物病虫害防治、农业废渣污染物能源利用、农产品的质量安全监管等多为大范围的农业技术应用，且由于其非营利的公共物品属性无法物化、专利难以界定和保护等原因导致农技要素化困难。因此公益性农业技术仍需依托主动提供服务的政府主导形式。有所不同的是“科研机构+

政府技术推广部门+农户”不再是从立项通过开始的投资，而是采用由政府直接购买农业新技术的使用专利和咨询服务，再投入专项资金，通过我国现存的完善的农业技术推广链进行推广和带动的方式实现公益性农业技术的扩散。这种由政府充当农业技术第一阶段主体的模式，一方面在确保自下而上研究需求的前提下为公益性农业技术研究机构和人员提供了可靠保障，调动科研人员投身公益性农业技术的热情；另一方面在新技术推广前通过政府的把关，确保其符合地方实际、达到预期目标。同样地，由政府分担了大部分风险，农户接纳意愿提高。

表4－12　中部地区不同禀赋的现代农业发展模式选择

地形	划分标准（米）	特征	中部地区占比(%)	适宜农作物	现代农业大致模式选择
平原	0～200	低平宽阔	19.20	粮食作物（水稻等）	产业化经营模式
盆地	200～400	四周被群山所环绕的低地，地面起伏和缓	9.20	种植业（经济林木等）	产业布局基地化模式
山地	300～500	起伏大，由山顶、山坡和山麓构成	29.80	林业与牧业	农业龙头企业加主导农产品模式
丘陵	300～1000	坡度和缓，连绵起伏	41.20	经济作物（棉花等）	经济类农作物带动性模式
高原	1000以上	边缘陡峭，高原面起伏和缓	0.60	抗旱作物（小麦等）	节水模式与科技化模式结合

3. 准公益性农业技术“专家大院+转化推广基地+农户”模式

根据市场失灵理论，准公益性专利的公共物品属性越强，非排他性就越高，市场主体难以获利。准公益性技术，如粮棉油等农副产品加工技术、水果储运技术、生物农药制备方法和生产技术等，在推广中更注重公益性和利他性。农业科技成果的转化，单靠市场力量是不可能的。要采取政府投资主导组织的模式，建设专家复合实验示范基地（丰延东等，2020）。政府在各县市组建专家大院并进行管理，参与建设农业试验示范推广基地，大力推动人才聚集和资源集约化。专家大院与企业、新型组织、项目、科技示范园的有机组合形成的“专家+企业+基地+农户”、“专家+项目+基地（科技示范园）+农户”、“专家+新技术（新品种）+产业+农户”模式甚至是多元复合模式，能在政府支持和协调下确保各个参与主体都有获利的机会，共同创建一体化的、优质的地方特色产业链。

“专家大院+转化推广基地+农户”的模式充分利用专家大院集科研、试验、示范、培训推广于一体的特点，重点突破当地农业产业优质发展的关键性难点，再通过产业基地的试验、示范有偿向合作组织进行推广。专家大院与基层农业技术推广机构联动，开展专业的现场指导、培训班或讲座指导、网络咨询等农业技术培训活动，提高广大农户对新技术、新品种的应用能力和生产水平。

第五章

城乡协调发展下中部地区农村经济组织与运行子系统重构研究

一、中部地区农业产业特征与农村社会环境对农村经济组织的作用路径研究

（一）农业产业特征

1. 农村居民人均纯收入低，增长缓慢，内部差异显著

如表 5－1 所示，中部地区农村居民人均纯收入和增长速度均未达到全国平均水平。2017～2019 年，中部六省大部分省份农村居民人均纯收入连续三年低于全国平均水平，仅湖北一省勉强高于全国平均，三年分别高出 380 元、361 元、370 元，并未持续扩大优势。而相比山西则分别低于全国平均 2644 元、2867 元、3119 元，差距持续扩大。同时，虽然中部地区由于种种优势农村居民人均纯收入高于西部地区，但西部 12 个省份的年均增长率达到 10.2%，均高于中部六省。

中部地区不同省份农村发展情况也差异显著。例如，2019 年，湖北排名最高（16391 元），其后是江西（15796 元）、湖南（15395 元）、安徽

（15416 元）、河南（15164 元）和山西（12902 元）。湖北和山西作为人均纯收入最高与人均纯收入最低的省份，2017～2019 年连续三年分别有 3025 元、3228 元和 3488 元的差额，后者分别为前者的 78.1%、78.4% 和 78.7%。此外，农村居民人均纯收入增长率也有很大差异。2017～2019 年，安徽增长最快，达到 9.57 个百分点/年，山西增长最慢，仅有 8.58 个百分点/年。

表 5－1　中部地区农村居民人均纯收入比较

地区	2017 年（元/人）	2018 年（元/人）	2019 年（元/人）	年均增加百分比（%）
河南	12719	13831	15164	9.04
湖北	13812	14978	16391	8.81
湖南	12936	14093	15395	8.87
江西	13242	14460	15796	9.18
安徽	12758	13996	15416	9.57
山西	10788	11750	12902	8.58
西部平均	10829	11831	13035	9.54
全国平均	13432	14617	16021	9.02

资料来源：根据历年《中国农村统计年鉴》数据整理得出。

2. 农业在全国的地位下降，农业内部构成不合理

中部地区一直是我国重要的农业生产基地。多年来，全区农林牧渔业总产值已超过全国总产值的 1/4。但中部地区农业生产内部差异明显，河南、湖北、湖南、安徽农业总产值较大，江西、山西农业总产值较小。例如，2019 年河南实现农业总产值 8542 亿元，其后是湖北、湖南和安徽，分别为 6682 亿元、6405 亿元和 5162 亿元；最后是江西 3481 亿元，山西 1627 亿元。山西农业产值仅占河南的 19%，农村人均农业产值除江西农村人口较少外，基本保持不变。山西最低，仅占其他省份的一半左右（见表 5－2）。

表 5－2　中部地区农林牧渔业总产值比较

地区	2017 年（亿元）	2018 年（亿元）	2019 年（亿元）	2019 年农村人均产值（元）
河南	7563	7758	8542	18936
湖北	6130	6208	6682	28901
湖南	5214	5362	6405	21645
江西	3069	3149	3481	17519
安徽	4598	4673	5162	18351
山西	1419	1461	1627	10789
全国总计	109332	113580	123968	22473
中部所占比重(%)	25.6	25.2	25.7	/

资料来源：根据历年《中国统计年鉴》数据整理得出。

从中部地区农业内部构成来看，种植业占据绝对优势，河南最高（63.3%），安徽最低（45.8%）。总体来看，农业内部结构不合理，林渔业比重偏低。其中，中部地区以山地为主，但林牧业比重不高。例如，山西、湖北、湖南、江西的山区比重分别为 67.5%、70%、88.0% 和 85.6%，四省林业比重分别只有 6.2%、3.9%、6.7% 和 9.8%。此外，湖北、湖南、江西、安徽等省也有许多河流和湖泊，与之相比，渔业相应比例明显较小。例如，在湖北和湖南，两省的水域面积分别为 12600 平方千米和 10500 平方千米，但渔业所占比例仅为 17.2% 和 6.9%（见表 5－3）。

3. 农业科技投入少，劳动力文化素质低，第一产业从业人员比重过高

地区农业发展水平与农业科技投入息息相关。中部地区由于经济发展状况不如东部沿海发达地区，因此缺乏足够资金进行农业科技投入，农业科技产出也极其低下。据统计，中部地区在第一产业取得的科技成果不及总体的 16.5%。并且有限的农业科技人力、财力和经济资源主要集中在大宗粮食、棉花以及油料作物，限制了园艺作物、特种经济作物、畜牧业以及水产养殖业等高附加值领域的科技资源投入。从产业链的角度来看，生产领域得到了大部分科技投入，而生产前后投入严重不足，拖慢了农业产业化发展进程。此外，虽然中部地区是国家重要农业生产加工基地，但在信息技术与服务水平低的制约下，难以及时获取农业生产的管理、技术、标准、市场管理等方面的最新信息，农业未能形成整体特色，知名农产品品牌数量少，产品竞争力弱。

表 5－3　2019 年中部地区农业增加值构成　　单位：%

地区	农业	林业	牧业	渔业
河南	63.3	1.6	27.1	1.4
湖北	48.8	3.9	22.8	17.2
湖南	47.7	6.7	31.3	6.9
江西	46.7	9.8	25.5	13.7
安徽	45.8	6.8	31.6	10.1
山西	57.6	6.2	29.4	0.4
全国平均	53.3	4.7	26.7	10.1

资料来源：根据《中国农村统计年鉴（2019）》数据整理得出。

农村经济发展长期受限于劳动力文化素质水平，中部地区劳动力素质还有很大提高空间。如表 5－4 所示，2012 年中部六省高中及以上农村劳动力每百人的数量统计低于平均水平。在中部地区的内部比较中，湖南农村劳动力的教育水平最高（20.0%），其后是山西（18.8%）、湖北（17.9%）、河南（17.5%）、江西（14.4%）以及安徽（11.9%）。

通过对近年来中部地区第一产业增加值和劳动力比重的研究，可以看出，中部地区第一产业增加值占 GDP 的比重明显高于全国平均水平，存在较大的内部差异。2019 年，河南几乎是山西的 2 倍。此外，中部地区第一产业就业比重也高于全国平均水平，超过或接近 30%，远高于第一产业增加值比重，说明中部地区大量劳动力集中在第一产业，工业化程度不够高。农业的劳动生产率难以提高，大规模生产也无法实现，这也是中部地区农民人均纯收入较低的主要原因。同时，中部地区“三农”问题长期无法解决也受困于此（彭荣胜，2005）。

表5－4　中部地区第一产业增加值、从业人员比重及劳动力文化素质比较

地区	第一产业增加值占国内生产总值比重（%）（2019年数据）	第一产业从业人员所占比重（%）（2018年数据）	农村每百个劳动力中高中以上人数（个）（2012年数据）
河南	8.5	35.4	17.5
湖北	8.3	34.0	17.9
湖南	9.2	39.1	20.0
江西	8.3	25.7	14.4
安徽	7.9	30.9	11.9
山西	4.8	33.7	18.8
东部平均	/	/	20.8
西部平均	/	/	11.5
全国平均	3.8	26.1	15.6

资料来源：根据历年《中国统计年鉴》数据整理得出。

（二）农村社会环境

1. 农村经济文化有了巨大发展但总体上比较落后，而且呈不平衡性

中国经济自改革开放以来进入发展的黄金时期。短短40多年时间，中国GDP从1978年的3624.1亿元增长到2019年的90865亿元，增长了273.4倍。农村经济文化与面貌焕然一新，粮食产量连上台阶，第二、第三产业占比不断提升，社会总产值不断创纪录。其中，1978年我国农村居民人均纯收入仅为133.57元，2019年已增至16021元。九年义务教育已经得到贯彻落实，农村居民文化娱乐方式也越发丰富。

但农村经济文化落后的现状并没有从根本上得到改变，发展不平衡问题还没有解决，城乡之间、东中西部地区之间差距依然明显。农村税费改革减轻了农民的负担，但农民收入仍远低于城镇水平。2019年城镇居民人均可支配收入达到42359元，而同期农村居民人均纯收入为16021元，仅为前者的37.8%。如果将城市居民的福利、保障、补贴考虑在内，城乡差距将进一步扩大。与农民收入增加相比，农村道路、水利、卫生等基础设施建设滞后。2000～2016年，城镇居民平均受教育年限由9.10年提高到

10.95 年，农村居民平均受教育年限由 7.20 年提高到 7.71 年。差距也很明显（金露，2019）。

农村的大部分中青年劳动力经常去城市工作，这使得农村当地的产业闲置或陷入粗暴的管理模式，当地的产业收入微薄。随着时间的推移，农村经济发展进入了恶性循环，经济水平无法得到有效提高，严重降低了农村生态环境（李登昌，2019）。

2. 农村经济改革稳步推进，同时遇到一些问题

家庭承包责任制打响了农村经济改革的第一枪，把广大农民从土地中解放出来，摆脱了“吃大锅饭”的局面。农民拥有土地使用权和经营权，可以作为独立的个体参与市场经济。现如今，大多数农民除传统的农业生产外，还广泛开拓了各种副业，如农产品加工、旅游、餐饮等。个体经济和私营经济在社会经济组成中已成为不可或缺的一部分，提供了大量就业岗位和税收，国家颁布的政策和法律也加速了各种非传统公共部门的发展，其在农村所有制结构中比重不断提高。不断展开的农村税费改革对农村税费制度和分配行为重新进行了调整，给农村经济发展进一步松了绑，明确了政府与农民之间的经济关系，优化了经济构成、分配方式、管理方式以及资源配置。然而，农村市场经济的发展并非一帆风顺。许多乡镇政府干预农民正常的农业生产，破坏了农村市场环境。此外，生产假冒伪劣产品的现象在农村市场十分突出，农民很难获得科技教育、技术培训和市场服务。

3. 村民自治取得了显著成效，但存在不少问题

自 20 世纪末实行“村委会组织终结”以来，农民可以通过民主选举、民主决策、民主管理、民主监督等方式管理农村公共事务。对于社会维稳以及发展，村民自治有不可替代的作用，但作为一种尚属稚嫩的新兴事物，在很多方面还存在缺陷。首先，乡镇关系错位严重。乡镇政府可以通过下达强制性命令对村委会成员进行非法调整，而村委会成员要耗费大量精力去处理上级机构下达的指示。其次，农村基层存在村委会和村党支部两个权力机构，容易造成分工不明确、互相推诿责任以及抢夺权力等问

题。再次，农村一些地区还存在比较浓厚的宗族观念，不同宗族之间对集体利益发生冲突的事情也时有发生，更有甚者，还冒出一些黑恶势力对农村基层管理牢牢把控的现象。最后，部分村干部不具备先公后私的观念，把个人利益放在第一位，欺上瞒下，通过各种手段占据职位，严重污染了清明环境。

4. 县乡职责和权限划分不尽完善，县乡体制有待改进

中国各级政府之间广泛存在着一种“压力型体制”，而这种压力层层递增，最终使处于国家行政末端的乡镇政府承担了大量压力。县级政府分别将经济发展、社会事业、公安、税务等任务下达给乡镇机关，并且通过完成情况来决定考核结果。同时，县政府为了牢牢掌握权力核心或者利益核心，还在乡镇设立了许多分支机构，如金融、工商、税务、公安、土地等。在这种情况下，县与乡之间常存在职能重叠的情况，容易引发利益冲突以及权责不清等问题。一方面，乡镇政府要应对来自上级政府的考核压力，对上级下达的命令完全执行，缺乏自主性和独立性，束缚住了乡镇政府的手脚。另一方面，乡镇政府又担负着重大责任，由于权力结构设置的不合理，导致地区政治、经济、文化、教育等方面难以有效治理。正在实施的农村税费改革可在一定程度上阻断乡镇政府向农民收受和分摊的渠道，但仍面临来自县级政府在乡镇分支机构进行罚款和收费的问题。

5. 城市化速度很高，但进程仍艰巨而漫长

改革开放后，随着农村劳动生产率的提高，大量农村劳动力转向非农产业。1984 年以来，城市经济体制改革启动，城市发展活力增强，工业化、城镇化水平快速提高。1978 ~ 2019 年，城镇人口从 17445 万增加到 84843 万，城镇化率从 17. 92% 增加到 60. 60%。在短短的 41 年中，城镇化率提高了 42. 68 个百分点。然而，中国的城市化进程将是一个非常艰难和漫长的过程，大部分农民长期留在广大农村，区域差异明显。一个被一些学者忽视的简单而重要的问题是，城市化水平大幅度提高，但农村人口绝对数量却没有以同样的速度下降。1978 年，农村人口为 79014 万人。1990 年，城市化率上升到 26. 41%，农村人口为 84142 万人，比 1978 年

增加了 5128 万人。2019 年，农村人口仍为 55162 万人。即使未来中国城镇化率继续上升，农村人口数量仍将在很长一段时间内保持在高位（王吉平，2006）。

（三）农村经济组织

农村经济组织是以农民为主体，遵守行为准则，追求经济利益的组织。农村经济组织是农民组织的组成部分，不包括具有组织行政色彩的农村支部委员会、无法律效力的自愿维权组织等民间组织，而农村红白会等组织具有动员组织功能。本书在研究农村经济组织在制度变迁的过程与绩效的基础上，重点分析了农村经济组织的制度安排、初级合作社、高级合作社等，中华人民共和国成立以来形成的三级多层次农村经济组织体系和创新的股份合作制。其中，农户是最小的经济组织，具有血缘关系和生产功能与消费功能并存的特点（王津津，2014）。

（四）农业产业特征对农村经济组织的约束

由于在中国农村产业缺乏沟通和合作，产业链不够长，规模经济不突出，进一步限制了农村经济组织的能力来优化资源配置，从而难以实现优化生产要素的目的，缺乏市场竞争力。我国农村经济组织虽然数量众多，但规模过小，相对分散。组织成员之间缺乏产权纽带，内部利益关系松散，导致组织结构层次低，直接导致农村经济组织在市场竞争中的不牢固，市场运作能力差。事实上，由于我国城乡二元的户籍制度、社会保障体系、金融体系、教育体系、医疗系统和资源配置的系统不能提供切实的制度保障农民参与组织，农村经济组织不通过标准化的发展很难成为真正的市场经济的参与者。同时，由于中国的农村家庭承包责任制，统一、分散相结合的土地管理模式直接导致新农村经济合作组织很难通过组织合作共同实现规模经济，农业生产效率低，农民在农村经济组织中缺乏有效手段保护自身利益，农民往往是从自身利益出发，只愿意与农村经济组织之间保持一种相对松散的契约联系（欧继中，2010）。

（五）农村社会环境对农村经济组织的约束

当前，我国中部地区的农村经济组织还未深入参与市场经济，不具备深厚的经济实力，管理方式粗放简单，缺乏规范的管理机制。这主要表现在以下几个方面：第一，农村整体受教育水平还不高，尤其是人才外流严重，因此农村经济组织缺乏管理人才，成员大多没有市场运作经历，在日常经营中主要依靠经验，没有现代营销理念与市场技术做支撑。第二，农民的“小农意识”仍十分浓厚，不善于合作，看重自身利益，漠视集体利益，且对集体吃“大锅饭”还心有余悸，这限制了农民参与经济合作组织的热情与动力，不利于经济组织的壮大与正规化，使农业产业化发展进程受阻。第三，农村经济组织不重视市场信息，缺乏收集分析市场信息的能力，容易导致盲目生产和销售，受市场波动极大。第四，农村经济组织缺乏规范的运行机制，章程和制度不够完善，对于组织经营中遇到的情况没有预防和解决措施，并且执行程度也不高，松散化的组织导致纠纷与矛盾时常发生，甚至部分成员无法得到有效的法律地位保护。第五，虽然已经存在很多的农村经济组织，但大部分是小规模、粗管理的状态，难以形成规模优势。农村经济组织大多只停留在浅层次的合作状态，进行简单的信息、技术和销售方面的服务工作，没有对农副产品进行深加工、精加工以提高附加值（王湘琳和邱玮，2010）。

二、中部地区农村经济组织行为博弈模型研究

（一）“公司＋农户”经济组织的博弈研究

“公司＋农户”的经济组织形式通过农户按照合同生产，公司进行收

购、加工、销售以及提供相应服务来实现，因此被称为定单农业或合同制农业。该组织形式使交易成本得到了一定程度的节约，有利于农业发展。但也存在着弊端，组织形式的内在缺陷使契约可靠性不能得到保证，增加了违约风险。此外，由于农业生产对自然天气存在很强的依赖性，因此同时存在市场风险和自然风险。较长的生产时间和多变的季节更是对契约可靠性提出了疑问（温明振，2006）。

由博弈论的观点可知，"公司 + 农户"的组织形式可被视为一种博弈，农户与企业在农业生产开始前就签订合同，假设农户的农副产品的合同价格为 P′，产品数量为 Q，双方违约成本均为 C，一旦违约则归属为另外一方。在双方博弈过程中均表现为理性，当发生市场风险时，市场价格 P、企业和农户的行为以及支付函数都是"共同知识"。在该假设下，企业与农民之间的｛履约，违约｝博弈是一个完美的信息动态博弈：当市场价格 P > 合同价格 P′时，如果农户选择违约，公司将按合同获得赔偿 C，博弈结束；否则双方履行合同，合同结束（余睿，2010）。

企业和农户的支付函数相互依赖于对方的策略：

（1）当 P > P′时，农民农副产品销售给市场将比合同带来更多的收益（P - P′）Q，也就是说，（P - P′）Q 是农民当他们违反合同时的收益；对于公司，如果农民违约，该公司将去市场购买农副产品，支付超过合同（P - P′）Q 的成本（见表 5 - 5）。

（2）当 P < P′时，公司在市场上购买将少支付（P′ - P）Q，相当于公司的违约收益；对于农户来说，如果公司违约，农户将在市场出售农副产品，并与合同价格相比将少获得（P′ - P）Q 收益（见表 5 - 6）。

表 5 - 5　P > P′时公司和农户博弈矩阵

农户 \ 公司	履约	违约
履约	-（P - P′）Q, （P - P′）Q;	（P - P′）Q + C, -（P - P′）Q - C;

续表

农户＼公司	履约	违约
违约	$(P-P')Q-C$, $-(P-P')Q+C$	$(P-P')Q$, $-(P-P')Q$

表 5-6 $P<P'$时公司和农户博弈矩阵

农户＼公司	履约	违约
履约	$(P'-P)Q$, $-(P'-P)Q$;	$-(P'-P)Q+C$, $(P'-P)Q-C$;
违约	$-(P'-P)Q-C$, $(P'-P)Q+C$	$-(P'-P)Q$, $(P'-P)Q$

要使｛履约，履约｝成为该博弈的纳什均衡，必须使如下两式同时成立：

$$-(P-P')Q>(P-P')Q-C$$

$$-(P'-P)Q>(P'-P)Q-C$$

即 $C>2|P-P'|Q$，也就是说，当一方违反合同时，向另一方支付 C 应该足够高（违约方从市场差价中获取的收益），无论市场价格和合同价格是否变动，｛履约，履约｝是公司和农户的最优策略。

当违约赔偿 C 足够大时，双方处于利益考虑会选择履行合同。但 C 过大会加大合作门槛，合同难以签署。而事实上，在制定较高的违约赔偿的情况下，履约情况仍不容乐观。这是因为即使 $C>2|P-P'|Q$，｛履约，履约｝也不意味着均衡的发生，因为｛履约，履约｝构成了一个不可置信的威胁战略：因为当“公司＋农户”组织任意一方选择违约都无法进行约束。假设农户违约，公司将根据成本效益均衡来决定是否提出诉讼。单个农户的赔偿无法抵消龙头企业的法律诉讼成本，因此企业的理性决定往往是放弃诉讼。同样，企业选择违约时，农民也面临成本效益均衡的情况，

单个农民与公司交易量不大，因此即使胜诉效益也难以弥补诉讼成本，个体农民无法承担，而且农民维权意识也不高。“公司＋农户”的组织形式是一对多的情况，公司一般会与多家农户合作，当单个农户选择诉讼时，其他农户“坐顺风车”的举动更会打击诉讼热情。另外，由于合同内容的完整性，法庭对于此类合作纠纷也难以解决。逆向选择、道德风险、敲诈勒索和特定投资、免责条款不可确知、违约责任不可确知等不可观察、不可验证的事实或行为，使法院往往难以处理合同主体的违约行为。

进一步，从违约的声誉损失和社会影响而言，公司违约会带来更大的影响。由于小农意识和农村关系网络的特殊性，农户违约会被其他农户理解，违约的声誉损失较小。当公司违约的声誉损失和社会影响足够大时，公司违约的可能性降低。相对于农产品价格上涨，在农产品价格下跌时{履约，履约}作为均衡解的可能性更大。如果将违约的声誉损失和社会影响加以考虑，则均衡条件将有所改变。

（二）“公司＋中介组织＋农户”经济组织的博弈研究

在“公司＋中介组织＋农户”的组织形式中，农副产品的生产由农户负责，公司将这些农副产品收购、加工与销售，中介组织则承担技术服务以及起到桥梁作用。在经营方面，公司与农户根据近期市场情况签订合同，确定农副产品的种类、数量、质量等。在农作物成熟后，由中介进行检查验收，在合格后进行收购，公司将收购的农副产品进行加工销售。其中，当地村委会、农业局或者农业技术服务站等都可以起到中介作用。

由博弈论的理论可知，“公司＋中介组织＋农户”的组织形式可以视为两阶段关联博弈的均衡。在每个阶段，农户与公司同时参与两个博弈：

1. 农户参加的关联博弈

对农民而言，他们参与了与企业的{履约，违约}博弈和与中介组织的{合作，非合作}博弈。在{履约，违约}的博弈中，我们知道单个农户的违约行为可能逃脱公司的惩罚，单个农户对公司的违约行为无能为力。因此，双方都认为，如果市场价格 P 波动，违约方可以逃脱惩罚。双方在这个问题上的支付矩阵如表5－7所示。

表5－7　P＞P′时公司与农户双方支付矩阵

农户＼公司	履约	违约
履约	－（P－P′）Q	（P－P′）Q
	（P－P′）Q	－（P－P′）Q
违约	（P－P′）Q	（P－P′）Q
	－（P－P′）Q	－（P－P′）Q

由于在此次博弈中违约是农户的占优策略，因此合同不稳定。同时，农民和中介组织参与｛合作，非合作｝博弈。假设农户接受中介组织服务，可视为农户收益S，因此如果农户选择履约，将获得收益S，如果选择违约，无法获得S，还将支付赔偿C_0作为惩罚；当农户履约时，公司将支付代理费用T给中介组织，农户违约则从中扣取C_0。因为中介组织是构建在农户与公司之间的纽带，当中介组织选择违约时，农户无法获得中介组织提供的服务收益S，因此无论农户是否合作，收益均为0，而中介组织需要支付T给公司作为惩罚，农户与中介组织的博弈中的支付矩阵如表5－8所示。

表5－8　农户与中介组织博弈支付矩阵

农户＼中介组织	合作	不合作
合作	S，T	0，－T
不合作	$-C_0$，$T-C_0$	0，－T

将｛履约，违约｝博弈与｛合作，非合作｝博弈联系，发现当P＞P′时，中介组织的主导策略是在农户与中介组织的博弈中选择合作，假设农民和中介组织都是理性的、常识性的，只要S－（P－P′）Q＞（P－P′）Q－

C_0，即$(S+C_0)>2(P-P')Q$，就意味着农民在市场上的收入不到中介组织提供的服务S和农民的违约金C_0之和的一半，不会违约。农民只有在与公司博弈的第一阶段选择履行合同，才能在下一阶段实现利益最大化。事实上，农民违约带来的收入并不等于成本，因为他不仅得不到中介组织的服务，而且受到了惩罚。虽然农民有违约的动机，但引入中介组织后，违约并不是农民的最佳策略。因此，在博弈的两个阶段中，农民选择履约与合作，形成一种均衡。

2. 公司参加的关联博弈

对企业而言，他们参与了与农户的｛履约，违约｝博弈和与中介组织的博弈。在｛履约，违约｝的博弈中，一个农民对公司的违约行为无能为力。因此，如果市场价格P出现波动，公司的违约行为将逃脱处罚。在这种情况下，双方的支付矩阵如表5-9所示。

表5-9　当$P<P'$时公司、农户｛履约，违约｝博弈支付矩阵

农户＼公司	履约	违约
履约	$(P'-P)Q$	$-(P'-P)Q$
	$-(P'-P)Q$	$(P'-P)Q$
违约	$-(P'-P)Q$	$-(P'-P)Q$
	$(P'-P)Q$	$(P'-P)Q$

在这个博弈中，由于公司的主导策略是违约，契约是不稳定的。

但同时，该公司也参与了与中介组织的博弈。假设中介机构对农副产品进行分级收购，并为公司节约成本V，公司向中介机构支付代理费T；如果公司不履行收购协议，中介机构将提起诉讼，公司将承担赔偿中介公司，需要支付违约金W；如果中介机构不配合，公司也会提起诉讼，中介机构需要支付违约金W，支付矩阵如表5-10所示。

假定双方都为理性是共同知识，公司预测到中介组织的最优战略是选择合作，而当$V-(P'-P)Q>-W$时，即$V+W>(P'-P)Q$，第一阶段

表 5-10　公司、中介组织的博弈矩阵

公司＼中介组织	合作	不合作
合作	V，T	W，-W
不合作	-W，W	0，0

的履约和第二阶段的合作构成了公司的均衡战略。其实，这个条件很容易满足。中介机构为公司进行农副产品分级收购支付的成本为“沉没成本”。而且，中介组织提起诉讼的承诺行为是可信的。因此，对于公司来说，即使违约能带来利益，也得不偿失。因此，公司的平衡战略是执行收购合同和合作。

通过上述两种博弈模型可知，中介组织的引入（如农民合作社）有利于促进公司与农户之间合作的稳定关系。首先，农村人口流动性低，农民考虑到道德约束，会慎重看待和合作社之间的行为，降低了违约风险。农民和合作社更加符合反复博弈的条件，由于长期利益的存在会极大限制机会主义行为。其次，通过合作社这一中介组织，可以有效降低交易成本，扩大“合作剩余”，各方可以从中获取更大利益。再次，合作社的特殊地位会提高公司违约的成本，提高农民在合作中的地位，对等化的地位可以增加分配合同“公共空间”的公平性，从而增加了合同的稳定性。最后，当三方综合考虑利益和风险，预期未来会出现重复博弈时，他们会选择合作。

（三）农村经济组织建设中政府职能研究

由以上分析可以得出，一方违约会导致对方利益受损，使其对未来合作预期的不确定性增加，难以实现合作双赢的最优结果。根据不完全合同理论，当契约不完备时，博弈的其中一方可以在“公共空间”获取更大利益，另外一方难以阻止该情况发生，如沃尔玛凭借其高市场占有率的优势对供应商进行压价。如果这种不平衡的状况可以预见，处于劣势的一方在事前或者下一阶段可能会拒绝合作，合作组织解体。因此，要建立完善的合同规制机制，对违反合同或者根据合同的不完备性破坏合作的行为要进行有效惩罚，才能维护合作组织的稳定性。而这需要政府颁布相关法律来实现，契约的不稳定性可以通过公正的政府行为来改善，使组织得到发展。

政府有责任维护经济社会稳定，增加农民收入。因此，政府有动力引进龙头组织推进农业产业化，也有责任打破龙头企业和农民的机会主义思想。政府可以通过法律来改变博弈状况，包括博弈双方的选择空间和利益分配，从而改变博弈结果。也可以说，法律本身可能不会改变博弈，但它可以通过改变个体行为的预期来影响博弈的均衡结果。

政府作为交易的“第三方”参与博弈，增加了结果的稳定性，这不仅体现在其作为法官或仲裁员的表象上。它还可以减少交易方的信息不对称；通过交易产品或技术标准的制定和提供权威与结论性的衡量服务，可以降低双方的“公共空间”，可以减少交易风险和不确定性，增加合同的稳定性，提升农村经济的发展（郭祥玉和许静波，2009）。因此，将政府引入“公司 + 农户”的博弈，通过政府的担保和强制功能，将降低农户和公司违约的可能性。

三、中部地区农村经济组织与运行系统的系统动力学仿真模型研究

（一）农民经济组织发展系统关键变量分析

进一步分析农民经济组织运行系统中的关键变量以及关键变量之间的相关性，本书构建了农民合作经济组织发展体系的基础模型，并通过基础模型分析进行管理的对策生成研究。

在对大量农民经济组织的典型调查中，可以得出以下基本结论：

（1）农民加入经济组织的主要目的是解决“小农”与“大市场”的矛盾，包括销售农产品、获取市场信息、提高销售价格；其次是获得组织的技术和资金支持。不参加合作社的主要原因是没有人设立相应的合作社，或者合作社机制不完善，运作不好。

此外，实际调查还发现，农民经济组织对农民的援助主要包括技术培训、农产品统一销售、提供种子和肥料等生产资料，在资助和协调行动中的相关冲突方面发挥的作用有限。

（2）政府部门对农业经济组织的支持程度较高，一般通过资金补贴、税收优惠、技术培训等相关政策予以支持。

（3）农民经济组织发展的困难主要体现在资金等因素不足、缺乏诚信、运作不规范等方面，严重制约了农民经济组织的发展。

农民经济组织的主体主要包括农户、组织和政府。通过对农民经济组织研究，结合实际情况，得出影响农民经济组织发展的关键因素有：农民产出、农民收入、农民违约率、组织产出、组织资金、市场价格、市场需求、土地等数量、劳动力、政府支持。上述关键变量之间的因果关系分析如下：

关键变量影响农户产量的因果链有：组织资金→农户产量（+）、农户收入→农户产量（+）、市场需求量→农户产量（+）、土地量→农户产量（+）、劳动力数→农户产量（+）、政府扶持力度→农户产量（+）。

关键变量影响农户收入的因果链有：农户产量→农户收入（+）、市场价格→农户收入（+）。

关键变量影响农户违约率的因果链有：市场价格→农户违约率（+）。

关键变量影响组织产量的因果链有：农户违约率→组织产量（-）、组织资金→组织产量（+）、市场需求量→组织产量（+）、土地量→组织产量（+）、劳动力数→组织产量（+）。

关键变量影响组织资金的因果链有：市场价格→组织资金（+）、农户产量→组织资金（+）、组织产量→组织资金（+）、政府扶持力度→组织资金（+）。

关键变量影响市场价格的因果链有：组织产量→市场价格（-）、农户产量→市场价格（-）。

关键变量影响市场需求量的因果链有：组织产量→市场需求量（-）、农户产量→市场需求量（-）。

关键变量影响土地量的因果链有：农户产量→土地量（-）、组织产量→土地量（-）。

关键变量影响劳动力人数的因果链有：农户产量→劳动力人数（-）、组织产量→劳动力人数（-）。

关键变量影响政府扶持力度的因果链有：农户收入→政府扶持力度（+）、组织资金→政府扶持力度（-）。

以上因果链刻画了系统中关键变量之间的相互作用方式，不同因果链之间相同变量的链力则可以构成系统基模。因此，可以进行基模构建、分析，进行管理对策的研究。

（二）基于基模分析的管理对策生成研究

根据因果链中同一变量的连接力，可以形成10个二阶极小基本模和4个三阶极小基本模。为了与流量势的流量系统一致，在图5-1和图5-2中加入了相关关键变量的变化。

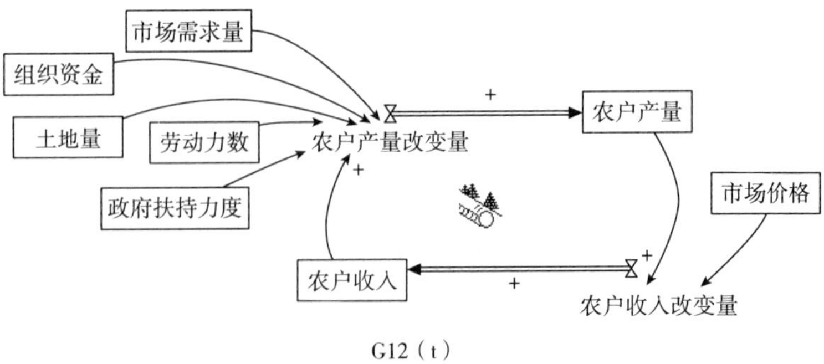

图5-1　二阶极小基模流图

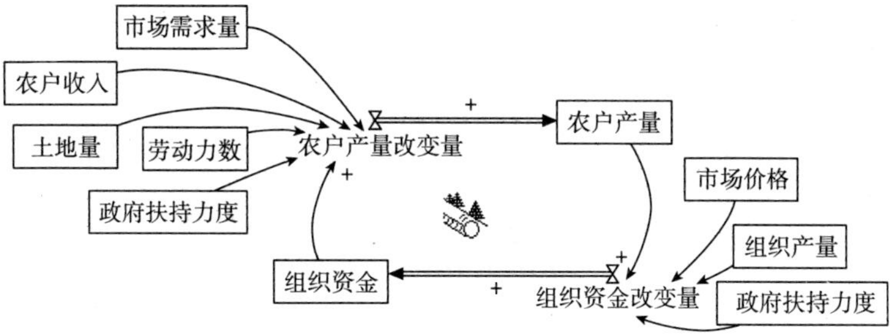

G15（t）

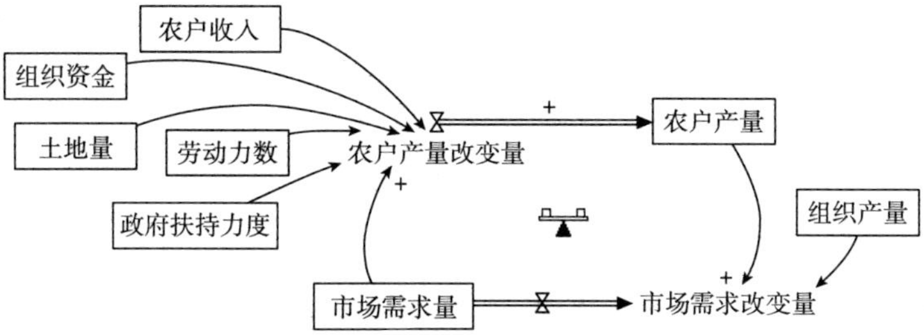

G17（t）

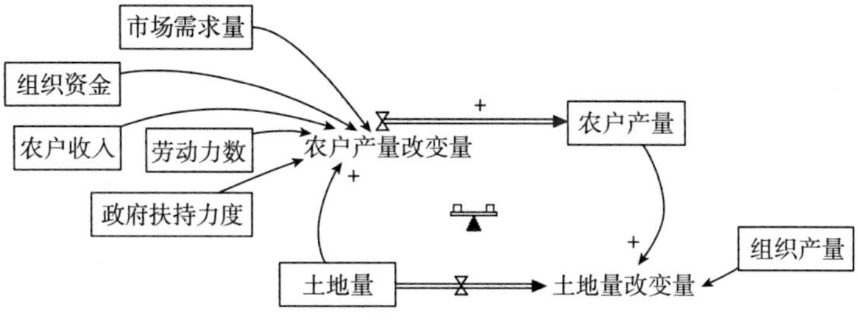

G18（t）

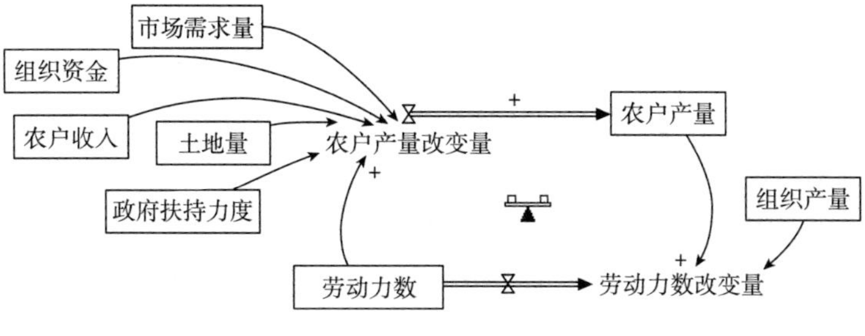

G19（t）

图5-1　二阶极小基模流图（续）

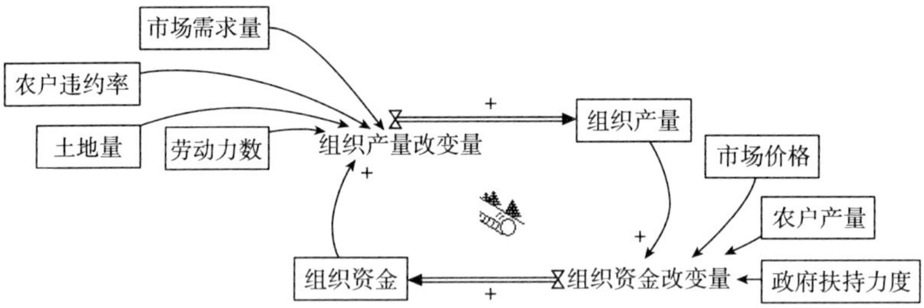

G45（t）

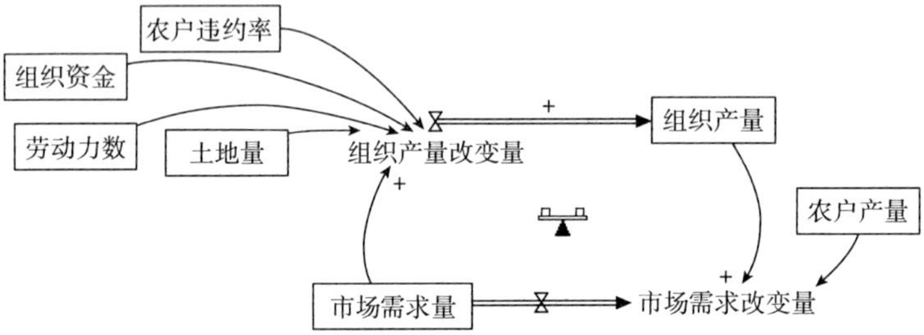

G47（t）

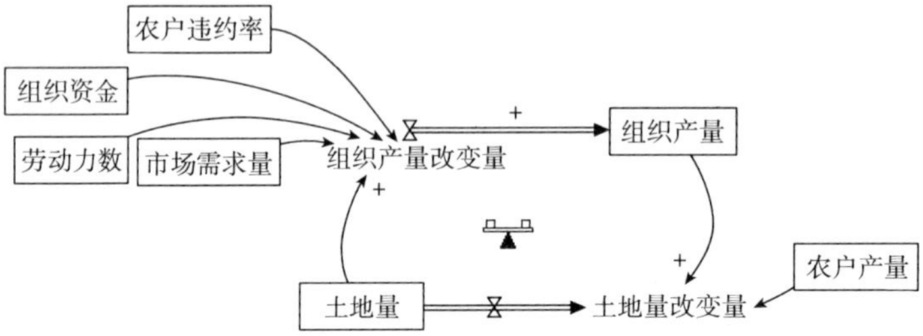

G48（t）

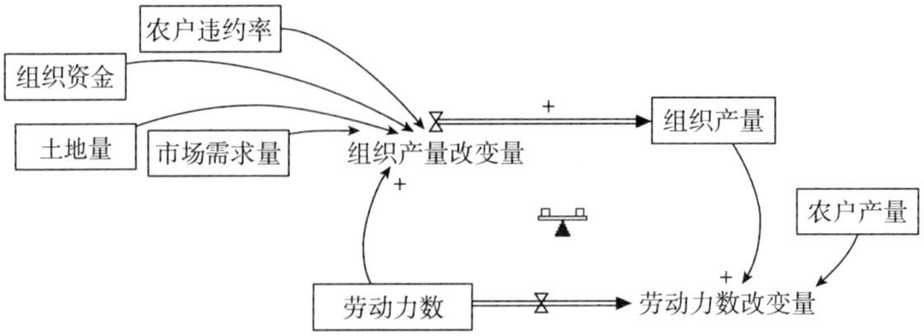

G49（t）

图 5－1　二阶极小基模流图（续）

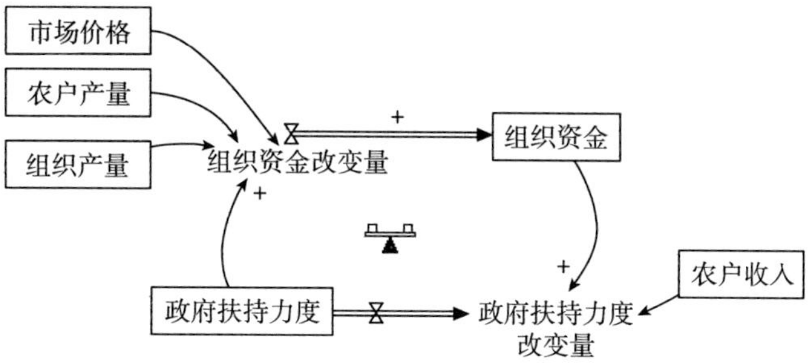

G510（t）

图 5－1　二阶极小基模流图（续）

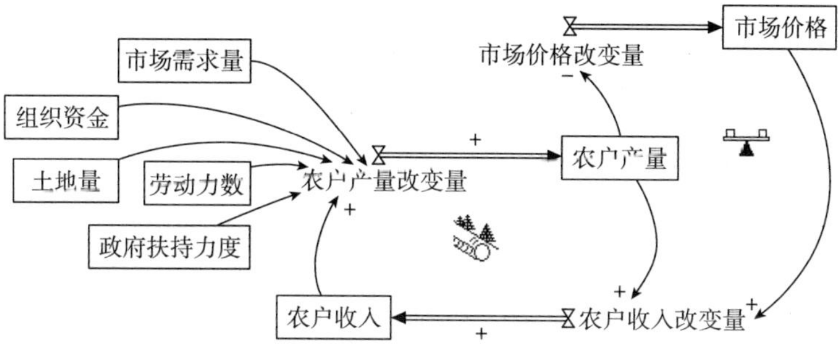

G126（t）

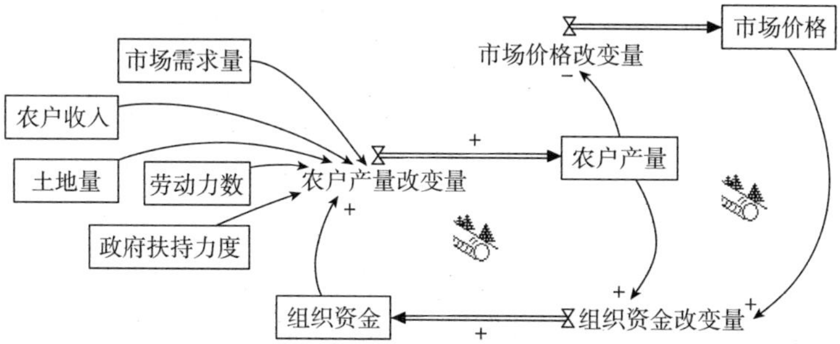

G156（t）

图 5－2　三阶极小基模流图

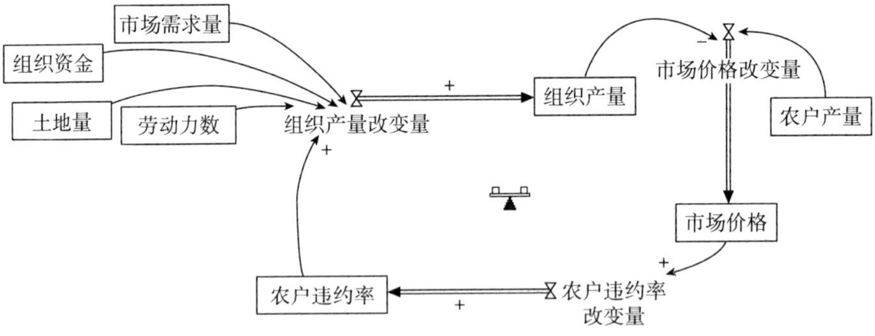

G346（t）

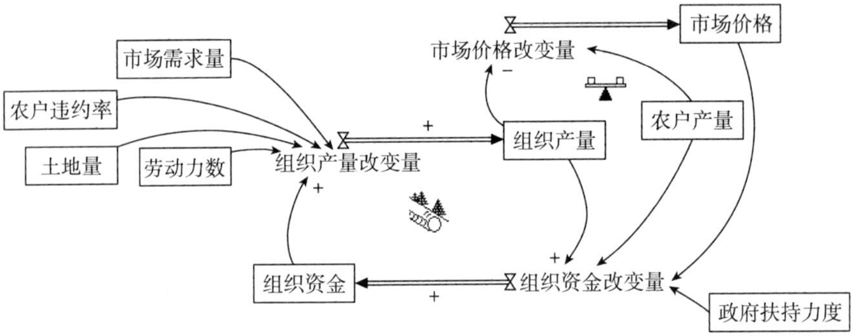

G456（t）

图 5－2　三阶极小基模流图（续）

1. 建模步骤

为了基于基模分析的管理对策生成研究，进行以下两个步骤：

第一步：极小基模分类。

第一类：增长极小基模。

G12（t）：农户效益二阶增长极小基模。

G15（t）：农户与组织联合二阶互促增长极小基模。

G45（t）：组织效益二阶增长极小基模。

第二类：组织效益受制约极小基模。

G17（t）、G18（t）、G19（t）：组织产量受市场、土地、劳动力制约二阶极小基模。

G510（t）：组织资金增长受政府支持力度不足制约二阶极小基模。

G346（t）：组织产量受农户违约率制约三阶极小基模。

G456（t）：组织效益受市场价格制约三阶极小基模。

第三类：农户效益受制约极小基模。

G17（t）、G18（t）、G19（t）：农户产量受市场、土地、劳动力制约二阶极小基模。

G126（t）：农户效益受价格制约三阶极小基模。

G156（t）：价格制约组织向农户投资三阶极小基模。

第二步：根据分类和定性分析，由基模生成具有典型意义的基模进行分析。

根据研究目的，所要研究的问题是：

（1）农民专业经济组织在农业产业化经营中具有什么优势？

（2）什么因素制约了农民专业合作经济组织的发展。

针对以上两个问题，将基模进行嵌运算，生成相应的基模进行分析，由基模分析进行管理对策的生成研究。

2. 基本模型

农户与组织综合效益增长基模 G1245（t）如图 5 - 3 所示。

这个基本模型由组织资金、组织产出和农民产出三个关键变量组成。左边的二阶正反馈回路描述了农民内部产出和收入的相互促进，中间的二阶正反馈回路描述了组织和农民及农民内部产出和收入的相互促进，右边的二阶正反馈回路描述了组织内部产出和资金的相互促进。这一模式描述了农民专业合作社在促进农民增收和农村经济社会发展方面的优势（张曼曼和贾伟强，2018）。

这三个正反馈环和负反馈环的优势结构描述了组织与个体农民之间的相互作用和相互支持的关系。组织的作用一方面是以其规模优势在复杂的市场竞争中占据一定的市场地位；另一方面是引导农民面向市场进行生产，实现农业产业化；农民个体的左、右都是通过自己的努力来获得发展的。此外，加入农民专业合作社也促进了组织的发展和壮大。

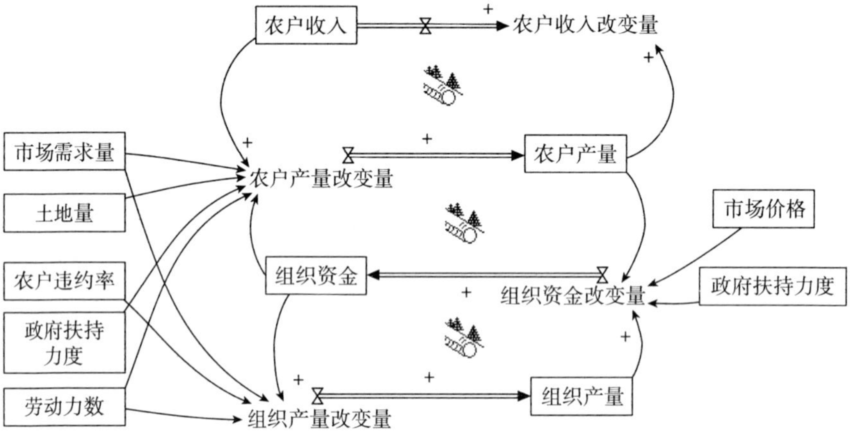

图 5-3 农民经济组织中组织与农户共同增长基模

由基模分析得到的管理方针是政府部门、组织及农户发挥各自作用，推动农民专业合作经济组织的发展。根据前面的调研分析。

具体可以采取以下措施：①增加财政投入、拓展融资渠道等方式，解决农民专业合作经济组织发展过程中组织、农户面临的资金短缺等问题。②完善农地流转制度，采取有效措施促进农民专业合作，走规模经营之路。③各级政府要尽快制定公司与农民共同发展的法律法规，寻找和扶持从事“公司与农民”管理的农业企业家和农会领导。采取全方位的综合治理措施，对各方进行激励和约束，形成诚信经营机制，共同走出因各种违约行为引发的困境。④政府部门和农民专业合作经济组织为农民提供技术、种苗、市场信息等服务，促进农民产业化。

3. 扩展模型

组织效益增长上限基模 G345678910(t)（如图 5-4 所示），农户效益增长上限基模 G125789(t)（如图 5-5 所示）。

对上述组织效益、农户效益增长上限基模结构进行分析，制约组合具体有 8 条制约反馈环组建：①劳动力数对农户产量、组织产量的两个制约二阶反馈环；②土地量对农户产量、组织产量的两个制约二阶反馈环；

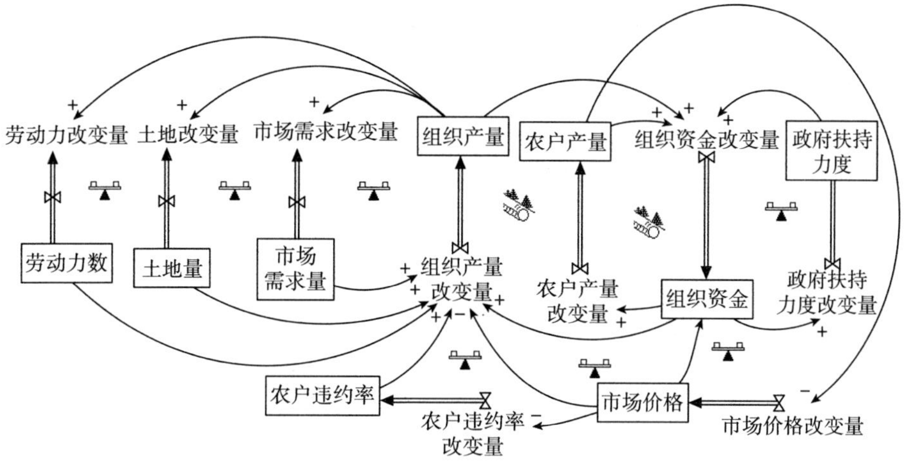

图 5－4　组织效益增长上限基模

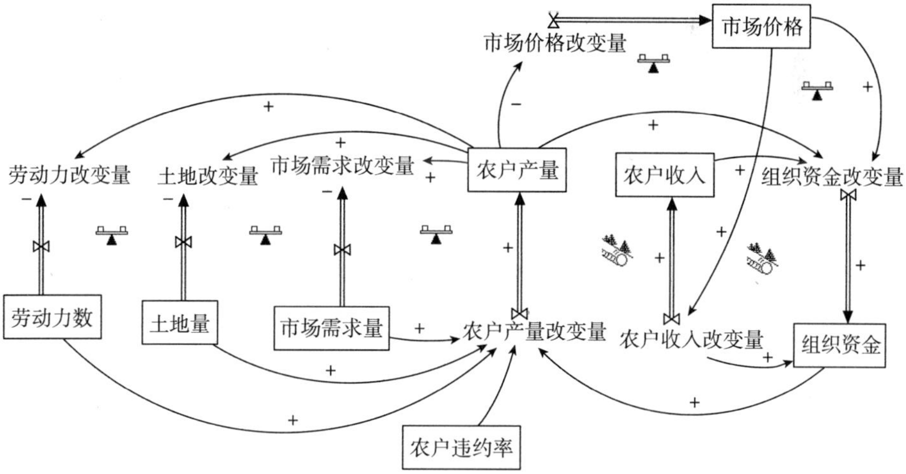

图 5－5　农户效益增长上限基模

③市场需求量对农户产量、组织产量的两个制约二阶反馈环；④政府扶持力度对组织资金制约的一个二阶制约反馈环；⑤市场价格对组织资金制约的一个三阶制约反馈环；⑥农户违约率对组织产量制约的一个三阶制约反馈环；⑦市场价格对农户收入一个三阶制约反馈环；⑧市场价格对组织资

金与农户产量的两个三阶制约反馈环。

根据关于消除增长上限基模制约寻求杠杆解的管理方针：不要去推动增强成长环路，而是要消除或减少限制来源，得到管理方针杠杆解。

采取的有效措施包括减弱、消除市场需求、土地、劳动力、价格对农民专业合作经济组织发展的制约，增加政府对组织的扶持力度，解决组织的资金不足制约。解决农产品价格制约农民专业合作经济组织的发展是关键，并完善组织与农户间的激励机制，解决价格波动时违约率对组织发展的制约。

具体措施包括：①引导农民、农民专业合作经济组织面向全国、全世界的大市场运作，通过增加农产品技术含量、提供特色农产品提高其市场竞争力，不断开拓目标市场。②建立健全农地流转制度，采取有效的土地流转政策，探索合适的农地流转方式，建立规范的农地流转市场，解决联产承包责任制下的土地流转问题、社会保障与规模经营土地需求矛盾问题。③要采取有效措施开发农村劳动力资源，加大农村教育的投入，加大劳动力培训等职业教育，实现农村劳动力转移与人力资源开发的有效结合。培养技术型的农业生产者、农村致富带头人，鼓励农民工返乡创业，在农村劳动力大量转移的背景下，解决发展农村经济所需劳动力。④增加政府对农民专业合作经济组织的扶持力度，拓展融资渠道，利用税收、优惠贷款、资金补贴等方式解决组织发展壮大过程中不断增加的资金需求（龙齐阳，2006）。⑤在组织、农户生产规模不断扩张的同时，提高农产品的技术附加值，或者通过延伸农产品加工产业链的方式增加产品附加值，使得农产品销售时在市场经济规律下具有价格竞争力。⑥完善农户、组织之间的激励机制，建立长期的合作关系，发挥农户个体、组织群体的激励力，促使组织、农户在合作过程中双方都得到不断发展。

上述六条管理方针是针对市场需求、土地量、劳动力、组织发展资金、价格和违约率六方面制约提出的，是解决农民专业合作经济组织不断发展、壮大的杠杆解。需根据不同地区、不同组织发展的实际情况，采取不同重点的管理方针（李剑，2012）。

四、城乡协调发展下中部地区农村经济组织与运行子系统的重构策略

（一）制约我国中部地区农业合作组织发展原因分析

我国中部地区农业经济合作组织发展速度慢，主要有以下几方面原因：

1. 思想观念落后，开放程度低

我国中部地区作为原始农业的起源地，在几千年的传统思想浸润下，“小农意识”浓厚，这种思想也延伸到商业运作中，倾向于小规模商业组织。此外，计划经济时代的集体生产导致生产效率低下的弊端已经深入人心，对于农村经济组织无法产生热情。从实际来看，我国改革开放是从沿海地区作为试点开始，而后向内陆推进，农村地区的现代市场观念还不够深厚，农民更倾向于去发达省份就业，农业生产由于小规模效益低下无法吸引农民将其作为主业去市场化运作，而是视为保障性产业因而不够重视。基于以上种种原因，农户对于建立农村经济组织缺乏主动性。

2. 组织人才匮乏

农村经济组织要想摆脱粗放管理的困境，就必须培养或者吸纳足够多的懂得市场运作、对农业产业方面了解的管理人才，并且具备奉献精神、敢于吃苦，这样才能团结带领组织成员实现真正的发展。然而由于政府长期将重心放在城市，对农村发展没有提供足够支持，即使从农村出来的人才往往也留在城市，去往农村的高校毕业生大多被现实击溃，面对糟糕的经济环境过于理想，致使农村经济组织缺乏一支强而有力的管理核心团队。

3. 政策支持力度不足

随着东部沿海地区的农村经济组织管理经验向内陆传播，中部地区涌现了一大批不同类型的经济组织，如河南兰考地区的花生产业合作组织、夏邑地区的食用菌类合作组织、永城地区的面粉加工产业协会、江西的鸭类养殖协会、柑橘协会等，但这些协会大多由农民自行组织，形式多种多样，管理比较宽松，国家没有制定相应的政策进行监管。虽然国家颁布了《农民专业合作社法》，但只是统筹性质的，没有根据各地特色制定相应的具体实施方案，不具有可操作性。同时，农村经济组织本身是针对弱势群体的农民和农业，并且担负着确保粮食安全的重任，具有特殊意义，因此国家需要提供更多的具有适用性的保护政策和扶助资金，在国外这种做法十分常见。世界贸易组织是“绿箱”政策的极具典型的案例，必须牢牢把握实际状况，中国做得还不够好，有加强的空间。

4. 资金来源渠道不畅

农村经济组织需要一定的资金才能维持其作为经济活动主体的运行。但其作为农户自发的经济组织，主要的资金渠道是通过民间借贷或者银行贷款。由于我国中部地区经济尚在发展阶段，民间资金并不充足，远远比不上东部沿海地区的资金水平，也无法像黑龙江、新疆等地区通过国有资金运行，因此，只能通过小额贷款来筹措资金，并且由于农业生产的长周期、粗开发以及低利润等特性，银行往往不愿进行贷款，设置了较高门槛，反而将农民手中的资金吸引到城市，形成“虹吸”现象，农村经济组织资金问题难以解决。

5. 内部运行机制不健全，不规范

由于国家与地方政府长期对农村经济组织缺乏规范管理，没有制定相应章程，农村经济组织长期处于野蛮生长状态，缺乏基本管理水平，管理不规范，要么陷入“一言堂”的境地，要么陷入内斗，将个人利益放在集体利益之前，组织实际上名存实亡，更是无法同心聚力共同发展。

（二）加快中部地区农村经济合作组织发展的思路和对策

1. 提高认识，转变观念

思想是行动的先导，只有进一步解放思想，转变观念，才能拓宽思路，谋求发展。中部地区与沿海发达地区的差异，不仅体现在物质基础上，更重要的是体现在观念上。例如，沿海“长三角”和“珠三角”的农业发展在工业化、商品化和标准化管理方面走在了前列。江苏华西村、河南南街村和竹林村可以一起走在致富的前列。究其原因，离不开率先突破传统小农意识的桎梏，逐步树立大农业观念，跳出农业看农业，用现代农业观念经营农业。40 年的发展证明了家庭联产承包责任制的分权管理模式，虽然可以暂时调动农民生产的积极性，解决农民温饱问题，但是因为它的生产力基础是建立在小农经济模式上，有很多的局限性，它不能带领农民走上更高级别的致富道路。随着农业生产力的可持续发展，科学技术的不断进步必然会被规模经营和合作经营模式所取代。即使安徽小岗村作为农业改革开放的先锋、第一个突破旧体制的束缚村庄，在进行了多年的家庭联产承包责任制后，也改变了他们的想法，调整了自己的思维，指出走联合发展的道路是中部地区农业发展的方向。

2. 政府部门要加大对农村的支持力度

发展农业经济合作组织，是完善农村双层经营体制，促进农业管理制度创新的重要举措，是提高农民的组织化程度，促进农业产业化的有效载体，是提高农产品竞争力的重要手段，是促进农村和农业经济发展、实现农业组织现代化的保障，是提高农业经济效益的有效措施，关系到农村生活的方方面面（赵贵宝，2004）。因此，各级政府和各级农业产业部门应明确指导思想，加强对农业经济合作组织的支持。

（1）加大政策倾斜和资金投入。要把农业经济合作组织的发展列入各级党组织和工农业有关部门的重要议事日程。要深入实际，在基层进行调查。根据不同地区的农业特殊情况，按照世界贸易组织关于农业的“绿箱”规定，出台一些优惠政策，支持农业经济合作组织的发展。一方面，抓住中央实施中部地区崛起战略的有利机会，促进社会主义新农村建设，增加在农村地区资金的投入，赢得来自中央政府的财政支持，并优先支持农业经济合作组织，以便充分利用这些资金，充分发挥它们的作用。另一方面，利用沿海发达地区产业结构调整和部分劳动密集型产业向内陆转移的有利条件，吸引投资，实施项目促进战略，以项目促合作，以合作促项目。同时，充分利用民间投资，鼓励资本入股，增强合作机构的资金实力。

（2）加强农业经济合作组织的制度建设。从沿海发达地区等地经济合作组织的发展现状来看，制度健全、管理规范的经济组织大多取得了良好的效果，走在良性发展的道路上。因此，在相关政策和法规的指导下，各地区应该根据实际情况建立和完善有关规章制度，以便依照法律、法规和规章实现组织建立、生产操作和利益分配，并形成一个具有资源共享、公平、利益共享和风险分担的运行机制。

3. 坚持因地制宜，逐步推进的原则

由于华中地区地域辽阔，自然条件不同，农业各产业发展不平衡。因此，建立农业经济组织，首先，要按照实事求是的原则，因地制宜地调整农业、畜牧业、工商业等措施。在组织形式灵活的情况下，可以主要由能人带动，如河南商丘温室草莓种植协会；也可以主要由企业带动，如双汇集团带动的河南漯河生猪协会。可以是技术合作，如河南夏邑蘑菇种植协会；也可以是项目带动，如河南永城面粉工业协会。可以是紧密合作，如陕西千阳六胜乳业专业合作社；也可以是松散合作，如河南兰考花生产业协会。其次，要积极稳妥地分步推进。由于不同地区的产业基础和经济发展水平不同，对农村经济合作组织的设立、发展速度、组织规模、经济合作方式和层次也应区别对待。政府要在“民”办、“公”助的基础上遵循自愿、互利的原则，积极稳妥、循序渐进，禁止政府不顾农民意愿强行办农村经济合作组织（张昌良，2009）。

第六章

城乡协调发展下中部地区农产品物流与供应链子系统重构研究

一、中部六省农产品物流与供应链系统运作的绩效评价

从前文章节可知，中部地区的山西、河南、安徽、湖北、湖南、江西六个省份，是我国经济发展的战略性地区，尤其是农产品的生产，近五年来其农业产值都约占据全国农业产值总量的25%。中部地区农产品生产种类多，土地富饶。

农产品供应链是农产品从生产到消费过程中的核心企业，通过物流、信息流和资金流的控制，农产品从生产地到消费地实现了网络化。农产品供应链将农产品的生产原料转化为消费品，实现了从生产到消费过程资源的有效配置及效益最大化。

本章重点从绩效评价方面对中部六省农产品物流与供应链系统展开分析，为了客观准确，首先运用 SWOT 分析中部区域农产品物流与供应链现状。

（一）中部地区物流供应链的SWOT分析

SWOT分析是分析研究对象的内外部竞争情况和竞争条件的可能性（Rutti et al.，2021）。通过调查，列出与研究对象密切相关的主要内部优势（S）、劣势（W）、外部机会（O）和威胁（T），并以矩阵的形式进行排列。然后，运用系统分析的思想对各种因素进行匹配分析，得出一系列相应的结论，这些结论通常具有一定的决策性。

运用这种方法，可以对研究对象的情况进行全面、系统、准确的研究，然后根据研究结果制定相应的发展战略、规划和对策。根据企业竞争战略的完整概念，战略应该是“企业能做什么”（即组织的优势和劣势）和“它能做什么”（即环境的机会和威胁）的有机结合（Rachid et al.，2021）。

1. 优势分析

（1）区位优势。中部地区的区位优势显然是明显的，在整个国家经济的发展战略中具有重大意义。在地理位置上，中部地区连接东西，贯穿南北，可以协调东西部发展，缩小南北经济发展差距。中部地区可以整合各地区的资源优势。中部地区的区位优势对于全国人员、物流、资金、技术、信息的顺畅流动和资源的有效配置，对于塑造国家区域经济格局、实现区域经济协调发展具有不可替代的作用（李干琼等，2020）。

（2）农产品自身优势。中部六省地区主要有以下几个特点：①农产品种类丰富；②农产品总产量较高，占据国内农产品大量市场。

2. 劣势分析

（1）信息化水平偏低。也就意味着在整个供应链中信息流滞后，信息流的滞后会造成对市场需求的把握滞后，农产品供应链效率极低，农产品的流通无法做到有效性、及时性。

（2）物流基础设施发展不平衡。城乡之间物流基础设施差别较大，包括：①供应链运营方式，城市较之丰富；②农村交通基础设施发展滞后。

（3）物流相关技术较落后。中部地区的现代物流技术推广还处于较低的水平，储存技术和冷链技术的发展较东部地区仍比较落后，生鲜农产品没有做到全程冷链。

3. 机会分析

（1）政策优势。国家政府对农业的关注一直未减，我国作为农业大国，农产品供应链无疑也是我国值得关注的，随着互联网技术的发展，物流业的加速，我国农产品供应链也越来越受重视，国家与地方层面均有出台相关政策以促进农产品供应链的发展。

（2）市场优势。消费者的消费水平逐渐提高，消费者更多选择农产品，也不再局限于消费本土农产品，农产品市场需求扩大，未来发展空间较大。

4. 威胁分析

（1）农产品的运输与储存。绝大多数的农产品都需要新鲜使用尤其是生鲜，但农产品不经过加工处理容易腐烂，不易保存。新鲜农产品在运输与储藏过程中需要有相关基础设施（如冷链）以维持其质量，因此，在农产品物流建设中，为了保障农产品质量，建设针对不同农产品的不同的物流设施设备，需要投资设备设施成本较大，专用型较强，不具备普适性，对于相关设备操作实施人员要求较高。农产品易腐烂、难保存是农产品供应链发展缓慢的原因之一（刘倩雯，2020）。

（2）市场竞争压力大，要求较高。农产品市场除中部地区产品外，还会有国内其他地区农产品以及国外农产品竞争，现阶段中部地区农产品在市场竞争中不占优势，且成本较高，不易于生存。

通过对中部地区农产品供应链的 SWOT 分析，可以充分地了解中部地区农产品供应链的现状。优势：中部地区地理位置优越，可以促进农产品物流的发展；中部地区农产品丰富，市场优势显著。劣势：信息化水平低、物流基础设施发展不平衡、物流相关技术落后。机会：政府政策倾斜、后续市场空间大。威胁：农产品运输储存要求高，成本高、农产品市场竞争大。通过 SWOT 分析可以为后续对供应链的绩效评价提供清晰、有效的思路。在下一节运用 SWOT 分析法分析的内容，根据特点选定合适的绩效评定方法对农产品供应链进行评价。

（二）农产品供应链运作的绩效评价

农产品供应链的研究与分析已经有将近 30 年，国内外学者对农产品供应链研究主要集中在对供应链的现状分析及实证分析。后续通过调查设计有效的采购策略，完善供应链发展水平（罗小凤和方蔚琼，2020）。

通过对国内外研究成果的总结，可以发现农产品物流供应链的理论研究主要是从供应链、运输效率和发展模式三个角度进行的。目前，供应链绩效评价方法有层次分析法、模糊综合评价法、数据包络分析法、基于供应链运作参考模型的评价方法、基于供应链平衡计分卡的评价方法等（李嘉祺等，2020；张艳荣等，2020）。不同的评价方法有不同的优缺点，不同的运行模式能否采取相同的绩效评价方法都有待探讨（李嘉祺等，2020；纪良纲和王佳淏，2020）。接下来将会简要介绍供应链绩效评价方法。

1. *层次分析法*

层次分析法是将一个复杂的多目标决策问题作为一个系统，将目标分解为多个目标或准则，再分解为多个层次的多指标（或准则和约束）的系统方法，并通过定性指标的模糊定量方法计算出各层次的单项排序（权重）和总排序，从而对目标（多指标）和多方案进行优化决策。层次分析法（AHP）是将决策问题按总目标、各层次子目标、评价标准和具体方案的顺序分解为不同的层次。然后通过求解判断矩阵的特征向量，得到每一级各元素对上层某一元素的优先权。最后，采用加权法将各方案的最终权重合并到总目标中，得到最终权重最大的最优方案。

层次分析法在绩效评价中运用比较广泛，由于大多数的绩效评价都较为复杂且难以定量描述。但层次分析法会具有较大的主观性，目标的划分及权重的确定都具有较大的主观性，所以采用层次分析法时，要科学地选取目标及确定权重。

2. *模糊综合评价法*

模糊综合评价法是一种基于模糊数学的综合评价方法。根据模糊数学的隶属度理论，综合评价方法将定性评价转化为定量评价，即用模糊数学对受多种因素制约的事物或对象进行综合评价。它具有结果明确、系统性强的特点。它能解决模糊的、难以量化的问题，适用于解决各种不确定问题。

模糊综合评价法是层次分析法的延伸，由于大多数的绩效评价都较为复杂且难以定量描述。而层次分析法有较大的主观性，于是就有了模糊综合评价法，使得难以量化的问题得以量化。即使如此，模糊综合评价法仍具有一定的主观性，这是由绩效评价本身所决定的。

3. 数据包络分析法

数据包络分析法（DEA）是运筹学、管理学和数理经济学交叉研究的一个新领域。它是根据多个投入指标和多个产出指标，运用线性规划方法对同类型可比单位的相对有效性进行评价的一种定量分析方法。DEA 方法及其模型自 1978 年由 Charnes 和 Cooper 提出以来，在不同的行业和部门得到了广泛的应用，在处理多指标投入和多指标产出方面具有独特的优势。

4. 基于供应链运作参考（SCOR）模型的评价方法

供应链运作参考模型是美国供应链协会发布的一种跨行业标准的供应链参考模型和供应链诊断工具。全面、准确和最佳地为各种规模和复杂程度的供应链提供标准化术语和流程。它包括四个部分：

（1）供应链管理过程的一般定义，包括计划、供应、制造和交付，是企业建立供应链绩效和目标的基础。

（2）与这些过程相对应的绩效指标基准。

（3）对供应链“最佳实践”的描述，为企业在改进供应链时成功地规划和确定目标提供所需的信息。

（4）SCOR 模型将供应链定义为计划、来源、制造、交付和退货五个主要过程。从供应链的划分、配置和流程要素三个层次入手，描述了每个流程的标准定义和每个流程对应的绩效指标，并给出了供应链的最佳实施方案和人力资源解决方案。利用 SCOR 可以使企业用同一种语言沟通供应链问题，客观地评价其绩效，明确供应链改进的目标和方向。

5. 基于供应链平衡计分卡的评价方法

根据平衡计分卡的方法，一个组织应该从四个角度来考察其绩效：学习与成长、业务流程、客户和财务。

其中，平衡计分卡包含五个平衡点：

（1）财务指标与非财务指标的平衡，企业考核一般是财务指标，而对非财务指标（客户、内部流程、学习和成长）的考核很少，即使有对非财务指标的考核，也只是定性的描述，缺乏定量评价，缺乏系统全面。

（2）企业长期目标和短期目标之间的平衡。平衡计分卡是一套战略实施的管理体系。如果从系统的角度看平衡计分卡的实施过程，战略是投入，财务是产出。

（3）结果指标和动机指标之间的平衡。平衡计分卡以有效地完成策略为激励，以可测量的指标作为目标管理的结果，寻求结果指标与激励指标之间的平衡。

（4）内部集团和外部集团之间的平衡。在平衡计分卡中，股东和客户是外部群体，员工和内部业务流程是内部群体。在战略的有效实施过程中，平衡计分卡可以在平衡这些群体的利益方面发挥重要作用。

（5）领先指标和落后指标之间的平衡。财务、客户、内部流程、学习和成长包括领先指标和滞后指标。财务指标是一个滞后的指标，它只能反映公司上年的情况，不能告诉企业如何提高业绩和可持续发展。对后三个领先指标的关注，使企业实现了领先指标和滞后指标的平衡。

通过文献的梳理总结，我们可以发现供应链绩效评价的技术路线如图6－1所示。

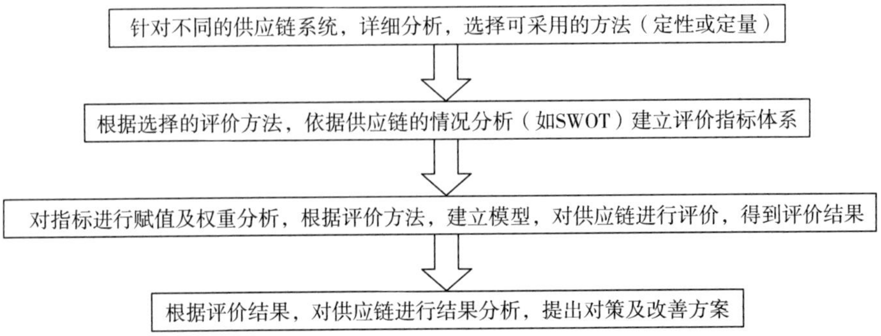

图6－1　供应链绩效评价的技术路线

在产品供应链绩效评价中，要关注供应链的现状和信息收集。在对整个供应链进行分析后，选择合适的绩效评价方法，建立合适的绩效评价指标体系，对整个供应链进行评价，分析结果，并给出改进策略。

二、中部地区农产品物流与供应链的博弈分析

下面进一步研究农产品物流与供应链的博弈分析。在以往的研究中，农产品物流及供应链的博弈分析的文章比较多，侧重点也有所区分，如在农产品物流市场结构的博弈分析中，研究了市场结构的博弈分析；农村合作社下农产品的物流模式、农产品批发模式构建、农产品封闭式供应链的博弈分析等（胡青华，2019；惠国安，2019；李庆等，2019；德新玲等，2020）。我们选取农产品供应链中比较关注的两个方面进行博弈分析：一是基于互联网的高速发展，第三方物流的竞争力逐渐加强，进行农产品物流选择博弈分析；二是基于农产品特性进行关于质量的博弈分析。

（一）农产品物流选择博弈分析

1. 模型假设

中部地区农产品物流与供应链的运作模型主要有批发市场模式、农业合作组织主导模式、第三方物流模式三种。

无论农产品供应链采用批发市场模式或农业合作组织主导模式还是第三方物流模式，由农户到消费者的过程中均要经历物流运输及仓储。在市场中常见的物流周转主要有自营物流和第三方物流两种。

以收购商为例，购买方（如超市）对收购商的产品进行购买时，收购商既可以考虑展开自营物流运输业务，也可以考虑选择第三方物流进行运输业务。在将农产品售卖给购买方时，需要运输农产品，此时收购商需要

对物流方式进行抉择，如果收购商选择使用第三方物流对农产品进行运输，则可以不建立自营物流，减轻自身对物流基础设施的投资，但使用第三方物流可能会存在物流服务质量低、物流安全不可靠等问题。此时，自营物流与外包物流形成博弈。这里将自营物流和第三方物流视为两种极端的物流配送模式，并将其与 Hotelling 博弈模型中的两个企业进行比较，进行博弈分析。通过对博弈结果的分析，可以为采购商选择物流配送模式提供参考（赵欣，2019）。Hotelling 经典博弈模型分析如下。

博弈参与人：自营物流配送模式的收购商、第三方物流配送模式下的收购商及购买方。

模型基本假设如下（郭雄攀，2015）：

假设一：博弈参与人均为有限理性，进行完全信息静态博弈，存在纳什均衡。

假设二：两种收购商所售的产品质量相同，不存在差异，而会由于采用不同的物流模式形成区别，购买方会由于使用不同物流配送模式的企业形成不同的偏好。假设购买方对物流模式偏好的单位差异成本为 t。

假设三：农产品市场在收购商中由物流配送模式所引起的偏好差异度设为 1，且购买方依偏好均匀分布在［0，1］区间里。

假设四：依据物流配送模式的不同把收购商极端地分为两类（寡头垄断）：自营物流配送的收购商（简称企业 1）和第三方物流配送的收购商（简称企业 2），假设企业 1 位于 $x=0$ 处，企业 2 位于 $x=1$ 处（见图 6－2）。

假设五：购买方通过消费获得的消费剩余远大于购买成本，即每个购买方都购买一个产品。

假设六：购买方在进行购买时所需要的总费用是商品本身的价格与改变由于物流配送模式引起的消费偏好所支付的费用之和。商品本身的价格用 P_i（$i=1, 2$）表示；在不同的企业购买，物流配送与消费偏好差异的费用不同：偏好为 x 的购买方在企业 1 购买商品时费用为 tx，在企业 2 购买时费用为 $t^*(1-x)$。

假设七：由于两类收购商企业销售的商品同质，无差异，所以两类收购商企业单位购买成本均为 c。但自营物流需要承担固定建造成本 C_0，企业 i 的单位物流成本为 c_i，满足 $c_1 < c_2$（自营物流更高效）。

假设八：考虑销量给购买方带来的外部正效应，即选择某类收购商企业的购买方越多，购买方获得的效用越高。

2. 模型纳什均衡

由于两类企业均为有限理性，我们考虑两类企业价格竞争存在纳什均衡。企业 1（自营物流配送的收购商）、企业 2（第三方物流配送的收购商）及购买方依偏好在［0，1］区间均匀分布（见图 6－2）。

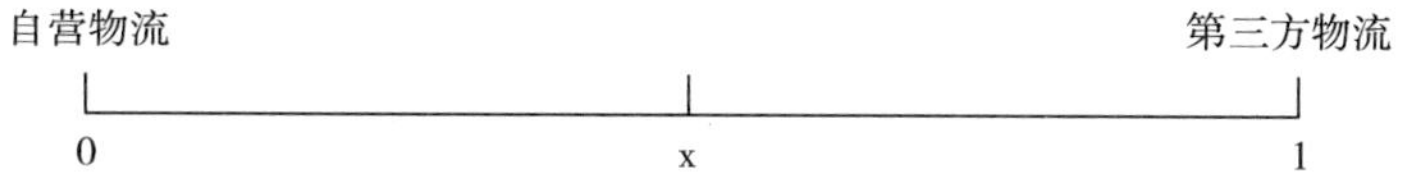

图 6－2　博弈参与人位置

位于［0，1］区间 x 处的购买方选择两个企业的效用为：

$$u_i(x) = \begin{cases} -p_1 - tx + \xi D_1^2(p_1, p_2), & i=1 \\ -p_2 - t(1-x) + \xi D_2^2(p_1, p_2), & i=2 \end{cases} \tag{6-1}$$

其中，企业 i 的产品价格为 p_i、需求为 $D_i(p_1, p_2)$，$t > \xi > 0$，ξD_i^2 购买量带来的正效用（如更频繁的送货、送货时间缩短等）。假定存在 x^*，处于 x^* 左边的购买方会选择企业 1，处于 x^* 右边的购买方会选择企业 2，x^* 处的购买方选择两个企业所获效用无差异。此时，企业 i 的需求可以表示为 $D_1(p_1, p_2) = x^*$，$D_2(p_1, p_2) = 1 - x^*$，且满足：$u_1(x^*) = u_2(x^*)$

求解可得到：$x^* = (p_2 - p_1)/2(t-\xi) + 0.5$ 两个企业的利润函数如下：

$$\pi_1(p_1, p_2) = (p_1 - c - c_1)D_1(p_1, p_2) - C_0 \tag{6-2}$$

$$\pi_2(p_1, p_2) = (p_2 - c - c_2)D_2(p_1, p_2) \tag{6-3}$$

在两类企业之间的价格竞争中，企业可以自由定价，以确定 p_i 的大小，通过市场竞争实现利润 π_i 的最大化。假定两类企业同时占有市场，在完全信息环境下，因为利润函数是价格决策的凹函数，通过求解利润最大化的一阶条件方程组$\frac{\partial \pi_1}{\partial p_1}=\frac{\partial \pi_2}{\partial p_2}=0$，可以得到价格竞争的纳什均衡及企业利润：

$$\begin{cases} p_1^* = [(c+c_1)+(t-\xi)]+\frac{c_2-c_1}{3} \\ p_2^* = [(c+c_2)+(t-\xi)]+\frac{c_1-c_2}{3} \end{cases} \tag{6-4}$$

$$\begin{cases} \pi_1^* = \frac{1}{18(t-\xi)}[(c_2-c_1)+3(t-\xi)]^2-C_0 \\ \pi_2^* = \frac{1}{18(t-\xi)}[(c_1-c_2)+3(t-\xi)]^2 \end{cases} \tag{6-5}$$

两个企业竞争下的利润，与自身单位成本、单位偏好差异成本 t 及反方向变化，与竞争对手单位成本、网络外部性参数 ξ 同方向变化。收购商选择物流模式时，要充分考虑自身物流与第三方物流的价格差异，自建物流和外包物流的成本情况，选择合适的物流模式，实现利益最大化。若选择物流服务外包，则需要在多个第三方物流企业中进行选择。此时，作为物流需求企业需要与第三方物流企业做好信息沟通及监督工作（贾圣强，2019）。关于物流运输方式（航运、铁路、汽车）的选择，同样可以采用博弈模型对其进行决策研究（李慧，2019）。

（二）农产品供应链质量博弈分析

随着改革开放的不断推进，我国经济水平和人民生活水平不断提高，对我国食品安全监管提出了更高的要求。为确保社会稳定和人民健康安全，农产品安全亟待提高。但近年来，农产品质量安全事故较多，如蔬菜农药案等，随着人们对农产品质量安全的关注逐渐提升，怎么规范农产品生产、加强安全监管、保障农产品质量安全成为了亟待解决的问题（弓宪文，2018）。

食品安全如同药品安全，为了保障消费者能够吃上安全的农产品，我们需要思考农产品质量安全的问题，如何解决现有机制下的食品监管问题，通过对利益相关者的相关性分析，可以发现农产品质量供应链中的主体是农产品生产加工企业、政府监管部门、第三方检测机构等。本书对政府监管部门之间的第三方行为进行了博弈，分析各部门、农产品生产加工企业和第三方检测机构，以及政府监管部门，为进一步完善农产品供应链质量，保障农产品安全，维护市场秩序稳定，促进农产品供应质量的提高，建设农产品生产加工企业和第三方检测机构建立了企业与第三方检测机构之间的博弈模型（李洁云，2018）。

1. 三方博弈模型假设

现阶段下农产品供应链过程中能够对农产品流入市场的质量有影响的主要有：负责源头生产及把控农产品生产加工企业、可以对农产品进行检测并出具合格检测报告的第三方检测机构、对农产品质量进行整体控制的政府监管部门（如市场监督管理局）。因此选择这三个行为主体，对其进行行为分析，提出以下假设：

假设一：参与博弈的三方为政府监管部门、农产品生产加工企业以及第三方检测机构，这三方均满足理性人假设。

假设二：政府监管部门的策略选择集合 $a=(a_1, a_2)$ =（严格监管，宽松监管），政府部门采取严格监管策略的概率为 x；农产品生产加工企业的策略选择集合 $b=(b_1, b_2)$ =（高质量生产农产品，低质量生产农产品），农产品生产加工企业采取高质量生产农产品的概率为 y；第三方检测机构的策略选择集合 $c=(c_1, c_2)$ =（拒绝寻租，意愿寻租），第三方检测机构采取拒绝寻租的概率为 z，其中，寻租意味着公然兜售权利的租用权的行为，以此来获得所谓的“租金”。

假设三：政府采取严格监管策略时所需的监管成本为 C_y，采取宽松监管策略时所需的成本为 C_k；农产品生产加工企业采取生产高质量农产品策略时所需的成本为 C_h，采取生产低质量农产品策略时所需的成本为 C_l；农产品生产加工企业如果寻租所需付出的成本为 C_s；第三方检测机构采取寻租策略时的收益为 S；如果第三方检测部门拒绝寻租政府监管部门给予第三方检测机构的补偿费用为 B；第三方检测机构所需的检测成本为 C_t。

假设四：农产品生产加工企业销售收益为 V_e；政府监管部门一是对有寻租意愿主体的罚金（F_e或 F_t），二是无寻租行为发生时所带来的社会效益 R。反之，当政府宽松监管时，消费者权益受损，政府监管部门遭受的损失为 -R。

假设五：当农产品生产加工企业有寻租意愿，而第三方检测机构拒绝寻租时，政府监管部门的惩罚额为 F_e。反之，当第三方检测机构意愿寻租，政府监管部门给予第三方检测机构的惩罚额为 F_t。

2. 模型构建

根据上述假设，按照不同博弈参与人的策略构建混合策略博弈矩阵（朱立龙等，2017），如表 6-1 所示。

表 6-1　农产品质量三方博弈混合策略模型

策略选择		政府监管部门	
		严格监管 x	宽松监管 1-x
高质量生产农产品 y	第三方拒绝寻租 z	V_e-C_h；$B-C_t$；$R-C_y-B$	V_e-C_h；$B-C_t$；$R-C_k-B$
	第三方愿意寻租（1-z）	V_e-C_h；$B-C_t-F_t$；$R-C_y-B+F_t$	V_e-C_h；$B-C_t$；$R-C_k-B$
低质量生产农产品（1-y）	第三方拒绝寻租 z	$-C_l-F_e$；$B-C_t$；F_e-C_y-B	$-C_l$；$B-C_t$；$-C_k-B$
	第三方愿意寻租（1-z）	$V_e-C_l-C_s-F_e$；$B+S-C_t-F_t$；$F_e+F_t-R-C_y-B$	$V_e-C_l-C_s$；$B+S-C_t$；$-R-C_k-B$

注：第一个收益为农产品加工生产企业；第二个收益为第三方检测机构；第三个收益为政府收益。

3. 模型分析

（1）关于政府监管策略。

$$dF(x)/dx=(2x-1)(C_y-C_k-F_e-F_t+zF_t+yF_e) \tag{6-6}$$

结论1：要使政府监管部门利益最大，一阶导数应该为0，通过上述公式可以看出，随着农产品生产加工企业高质量生产农产品的概率 y 的增加，政府监管部门采取严格监管策略的概率 x 会减小。同理，随着第三方检测机构采取拒绝寻租策略概率 z 的增加，政府监管部门采取严格监管策略的概率 x 会减小。

（2）关于农产品生产加工企业策略。

$$dF(y)/dy=(2y-1)[C_h-C_l-xF_e-C_s+z(C_s-V_e)] \quad (6-7)$$

结论 2：农产品生产加工企业采取高质量生产农产品的概率 y 会受政府采取严格监管策略 x 及第三方检测机构采取拒绝寻租策略 z 的影响，当政府趋于严格监管时，农产品生产加工企业也趋于生产高质量的农产品；当寻租成本越高时，农产品生产加工企业会趋于高质量地生产农产品。

（3）关于第三方检测机构策略。

$$dF(z)/dz=(2z-1)(-xF_t+S-yS) \quad (6-8)$$

结论 3：第三方检测机构采取拒绝寻租策略的概率 z，会受政府采取严格监管策略 x 及农产品生产加工企业采取生产高质量农产品的策略 y 的影响，当政府趋于严格监管时，第三方检测机构采取拒绝寻租的概率会增加，也就是越趋于拒绝寻租；当农产品生产加工企业生产高质量农产品的概率 y 增加时，第三方检测机构采取拒绝寻租的概率也会增加。当政府对第三方检测机构寻租时采取的惩罚越严厉，第三方检测机构会趋于采取拒绝寻租策略。

4. 政策建议

通过考虑多方利益并将政府监管并入分析，本书构建了政府监管部门、农产品生产加工企业、第三方检测机构之间的三方博弈模型，以分析各方不同策略下可能产生的行为。通过分析提出以下建议：

（1）政府部门应建立动态监管机制，增大农产品生产加工企业寻租的成本以期让农产品生产加工企业能够生产高质量的农产品。当发生寻租情况时要及时对农产品生产加工企业及第三方检测机构进行惩罚，加大对寻租行为的惩罚可以减少寻租行为的发生。

（2）提高农产品相关企业的市场准入门槛，尤其是第三方检测机构，市场门槛越高，检测机构付出的成本越高。在农产品检测业务中，政府可通过对第三方检测机构业务考核情况进行等级认定，促使第三方检测机构规范认证行为。

(3) 充分发挥市场监督管理机制，将消费者的监督力量及社会舆论有效地使用起来，当发现有违法行为时由政府监管部门追根溯源，对违法的第三方检测机构及农产品生产加工企业进行处罚（李洁云，2018）。

在农产品安全质量的控制中，存在许多种博弈分析，如物流运输的影响等（关洪军和孙伟康，2017；徐蒙，2018）。在农产品供应链的节点上都会存在各种各样的博弈，应充分了解现状，科学地采用博弈论的方法进行研究分析，以期提出更好的建议。

三、基于“互联网+农业”的中部地区农产品物流与供应链系统优化研究

“互联网+”代表了一种新的经济形式。它是指依托互联网信息技术，将互联网与传统产业融合，通过优化生产要素、更新商业体系、重构商业模式等手段，实现经济转型升级。“互联网+”计划的目的是充分发挥互联网的优势，整合互联网与传统产业，提升产业生产力，提升产业结构，最终实现社会财富的增长。“互联网+”的主要特点是在线、多样化、透明、平台、数字化、创新和跨界。

“互联网+”按照其发展进程大致可以划分为三个阶段：一是“互联网+企业”阶段，主要是消费品企业电子商务，并利用互联网对企业内部结构进行调整重构；二是“互联网+产业”阶段，其实质是将互联网应用在整个产业链上，其数量是企业的十几倍；三是“互联网+智慧”阶段，在大数据、云计算的应用下，所有的活动都会数据化。这是“互联网+”发展的趋势。“互联网+”是通过互联网思维、手段和平台，提升传统产业效率，实现“1+1>2”的经济效益。“互联网+”的融合创新将改变

各个传统行业，传统行业升级更新，同时相对落后的农业供应链也可以借助互联网技术激发新的活力（李娟和傅少川，2009）。

近年来，国家、各省区市、各地方等多个层面都颁发了一系列“互联网+农业”政策，随着时代的发展，“互联网+”力量日益凸显，在未来的发展中也会占据重要地位。当前，已将互联网运用到农业生产的各个阶段，创新融合，改变了传统农业的生产、管理、营销等各个方面（郝彩林，2017）。

（一）“互联网+农业”的中部地区农产品物流与供应链系统现状及问题分析

农产品交易受到多方面因素的影响，尤其是受物流与供应链不健全的制约，“互联网+”能够有效地解决这些问题，为农产品的物流及供应链发展提供更好的平台；也能够带动农产品物流及供应链基础设施的建设，促进农产品经济的发展（郝彩林，2017）。

随着“互联网+”在农产品供应链上的应用与创新，农产品生产加工企业改变传统的供应链模式，更多方面的协同合作，优化农产品供应链的流程，如农户直播卖农产品等。同时“互联网+”也将运用质量安全监管体系，将产品信息集成，互联网式监管产品质量，颠覆传统的人工监管模式，实现农产品质量管理的全程化。

“互联网+”农业供应链商业模式发展存在如下问题：

1. 互联网技术运用不足

现阶段的大部分中部地区的农产品供应链处于初级阶段，互联网技术在供应链的产、供、销环节使用程度均不高，互联技术运用不足是阻碍农业供应链商业模式创新的首要问题。

2. 责任分工不明确

通过观察，我们可以发现，基于互联网产业的商业模式数不胜数，各有特点，但都是基于互联网的基本特点，没有创新。基于互联网的农产品供应链商业模式在最初发展时，主体不明确，政府和相关的大型农业企业及物流企业之间分工责任不明确，政府部门与企业（农产品生产加工企业、物流企业）在商业模式创新上没有形成有效的合作和共赢，二者在农业供应链商业模式的创新上缺乏有效沟通、双方信息交流不及时以及责任分工混乱，是当前阻碍农业供应链商业模式创新的一大难题（刘涛，2008）。

3. 内外部环境制约能力发展

从内部环境来看，中部地区农产品产量较大，而农产品生产大部分都处于乡村，经济发展不够，人才缺失严重，学习新知识的能力低，观念守旧，创新风险较大。

从外部环境来看，农业产品具有较多的替代品、不稳定的市场价格和较低的消费者忠诚度等特性，如果未来不能有效地对农产品供应链商业模式进行创新，将很难留住消费者，消费者会转向更快捷更有效的其他途径，这无疑会降低供应链价值，也会出现产品附加值小、市场认可度低等问题（刘涛，2008）。

（二）基于“互联网+农业”的中部地区农产品物流与供应链系统优化

农产品物流及供应链的优化应该从我国实际情况出发，以实际情况为基础，将“互联网+”技术运用在农产品供应链系统上，建立符合国情的农产品供应链体系，这也是维护我国农产品质量安全的战略之一。为了实现我国质量安全的建设，应重点关注基于“互联网+农业”的模式，如何构建出新的农产品供应链，改革创新，并同时关注如何利用互联网的优势来提高农产品供应链的质量，同时也要对产品的质量进行追溯，保障农产品在整个供应链上的质量。新时代下构建符合人民需求的供应链体系，就要将互联网、物联网、云计算等技术创新运用到农产品领域，尤其是供应链体系，同时还应在全国各地联合或建设相应的存储、冷链、销售等线下服务点，为消费者提供多样的线下消费体验。经过线上、线下的相互整合，建立良好的农产品供应链服务。构建新的供应链，首先要运用互联网等新技术构建新的农产品供应链模式，再建设基础设施，构架供应链终端，形成良好的循环。最后对农产品的质量安全进行有效监管，提升农产品质量安全。

供应链的优化具体由以下几点组成：

1. 创新农产品供应链模式，构建“互联网＋”信息平台

农产品供应链模式的创新，应该从构建相关线上农产品平台开始，由农产品供应链上的相关部门联合成立。所构建的平台不但可以包括现有的农产品供应链模式，也可以创新形成“种植户＋农贸市场”、“基地＋超市”、“加工企业＋零售商”等农产品供应链新模式，而且平台也应包含农产品的产地、品种、数量、价格、市场行情等相关信息，通过充分利用信息的流通，提升农产品供应链的效率。为了保障农产品流通信息的准确性，避免质量不合格的产品流入市场，应杜绝虚假农产品信息和伪劣农产品，平台上农产品的流通交易的全过程应可追溯。为了保证农产品质量，平台需要提供第三方出具的检测合格报告，保障消费者权益。同时也应该让消费者快速地得到有关信息，平台的规模应该足够大。平台也要布局好在全国各地的服务站点网络。协同线下实体店做好服务工作。只有将农产品供应链上的各个阶段的信息集成共享，才能保障农产品消费在整个生命周期内的完整可靠性，加速供应链信息化发展。

2. 提升实体终端服务质量，发展智能物流

如今互联网供应链平台发展迅速，线上平台是互联网时代的产物，越来越多的产品包括农产品可以通过线上渠道进行购买。但是现阶段的线上商店缺乏第三方的监管，消费者无法体验真实产品，缺乏体验感，在线上平台的商品信息可能与实际不相符合（外观、质量等），所以终端平台的体验也会与线上平台融合，形成更稳定、更有消费保障的供应链体系。例如，许多人在购买产品时，会先在线下门店进行体验后，再在线上商店进行购买。线下实体终端既是线上商品的体验区，也是储备库存区。只有提升实体终端的服务质量，才能更好地为消费者展示更多的产品，提升消费信心。为此，第一，通过决策优化实体终端的地理位置分布，选择合适的

地理位置，能够保障农产品的快速配送，这也能够在一定程度上提高农产品供应链上的配送效率；第二，优化不同种类功能的实体终端，提高农产品在仓储环节的质量水平。除上面两点外，农产品与其他产品相比最大的不同是保质期短和时效性，也就是说物流质量是农产品线上平台的一大痛点。想要提高农产品的质量，不仅要在农产品生产环节把关，也要对农产品的物流质量和配送水平有足够的重视。随着科技的进步与发展，物流业也有了较大的发展，并逐渐朝着智能物流的方向发展，智能物流能带来多方面的效率提升，大范围的冷链物流的配送，保障农产品质量，也可以采用新型设备设施如无人机等精准配送并减少其他外部因素影响。未来物流产业的发展，可以有效地避免农产品易腐性而造成的损失和质量问题，减少农产品运输过程中产生的损耗，保证农产品的质量。

3. 建立农产品的质量追溯体系及监管模式，提升农产品质量安全

众所周知，农产品最大的特点是保质期短和短时效性，想要提高农产品的质量，不仅要缩短农产品供应链的节点长度、提高供应链效率、配备好保障农产品质量所需的运输设备设施；农产品安全如同药品安全，食品的监管也需与药品质量一样严格把关，建立健全农产品市场、质量监管制度，提升监管手段，形成有效可控的农产品质量追溯体系。建立可靠有效的农产品追溯体系，能够帮助消费者及时反馈及了解农产品质量问题产生的原因，同时也可以帮助监管部门对市场进行把控，还可以让农产品生产加工企业对农产品的生产进行更合理有效的生产及运输过程的更合理的存放等。现阶段传统的监管模式对互联网给农产品带来的发展很难进行有效的监管。

为了保障能够在互联网发展下农产品的生产运输销售供应环节带来的质量监管，首先，要充分利用互联网、大数据等技术来收集并共享农产品在整个供应链上的相关信息，建立有效的农产品质量追溯系统，确保在农产品在流通过程中农产品的信息可追溯。对于农产品供应链各环节的信息，各环节需要对其进行整理、分析、评估、预警，在农产品质量追溯系统下，消费者可以查询并了解农产品的相关信息，这是消费者的需求，也

是新时代农产品质量的需求。其次，提升民众科学的安全观念也是重中之重，消费者科学的安全观念会为高效的农产品质量监管起到良好的作用，可以减少谣言及误传，也可以为农产品的质量监管贡献消费者力量。最后，政府监管部门及供应链相关企业要秉承公开透明的理念，及时发布信息，满足消费者的知情权和监督权。供应链相关企业可以利用农产品信息管理系统，碰到虚假言论要及时辟谣，保障农产品信息的共享。同理，消费者也可以使用相关智能设备设施通过信息查询通道查询消费农产品的相关产地及质量检测等安全信息。这样一来，消费者不但放心消费，增强消费者对农产品安全的信心而且让自己参与监管中，更有安全感。当大家在消费过程中发现农产品出现质量问题，可以通过相关投诉渠道如（网上投诉，上传证据）对农产品质量进行投诉。同时，监管部门需要及时关注及公布举报情况，并对投诉内容及事由进行调查处理，处理结果不仅要反馈给本人，也要及时在监管平台上公开（刘宝，2008；李娟和傅少川，2009）。

四、城乡协调发展下中部地区农产品物流与供应链系统的重构策略

城乡协调发展是实现城、乡共同发展的重要战略，促进城乡协调发展，改变城乡经济结构，是实现社会主义现代化的战略之一。就中部地区而言，农业产业是占据重要地位的，在统筹中部地区城乡协调发展的进程中，城乡农产品的物流及供应链一体化是实现城乡共同发展的重要环节及重要内容。通过对农产品物流和供应链一体化的发展，引导城市物流资源向农村延伸，形成更协同、更广阔的农产品物流与供应链，以此促进农产品的发展，促进区域经济改革，提升区域经济实力。推进城乡物流供应链

协同发展，对促进中部地区经济发展具有重要的现实意义。在统筹协调发展城乡农产品与供应链的过程中不仅注重提升城乡农产品供应链上相关企业的竞争优势，更注重如何利用供应链协同来提升整个农产品产业的竞争力，最后实现城乡农产品经济的可持续发展。

1. 城乡协调发展下农产品供应链的特点

城乡协调发展下，农产品供应链是指农产品生产、加工、流通过程中上下游企业形成的网络结构。该农产品物流供应链中会包括农户、收购商、批发商、加工生产商、零售商及最终消费者。在城乡物流农产品流通中存在着农产品从农村销往城市和其他农产品从城市销往农村的供应链。城乡物流一体化条件下农产品供应链的主要特征如下：

（1）复杂性。城乡农业供应链包含众多的参与主体，由于农产品的多样性、季节性以及农产品销售区的特殊性。供应链参与主体在规模及能力上有较大的差别，农产品处理及运输等其他处理上均有不同，很难采用统一标准来处理，这极大地增大了各方在农产品供应链上协同的难度。

（2）动态性。由于农产品的特殊性，供应链的参与者在经营状况和市场需求上会有自己的变化，农产品供应链的参与者也会动态更新。在城乡供应链中，供应链主体的变化比较明显，使得供应链结构非常不稳定。在农产品供应链中，由于环境因素的影响，供应链上游的生产者无法保证所提供产品的质量和数量，这使得供应链上游的参与者呈现出巨大的变化。

（3）离散性。农村居民不仅是农产品的提供者，也是其他农产品的使用者。在农产品供应链中，随着改革开放的发展，城市化明显，农村变化不明显，导致农村参与者（主要是农民和种植者）的复杂性，使得农产品供应链呈现一定的分散性。由于中部地区农村地域辽阔，人口稀少，没有规模化生产，农业生产经营分散，农民和种植者分开经营，农产品种类繁多，但规模不大，集中度低，这使得农产品供应链的上游更加分散。

2. 现代信息技术下农产品供应链管理方法

随着现代化信息技术的快速发展，以互联网、大数据、区块链、物联网、人工智能等为代表的新兴技术逐渐应用于农业供应链领域，为农产品生产经营和风险防控提供了技术支持，实现农产品供业链安全、高效和智能（周敏和黄福华，2007）。

（1）农产品供应链管理与“互联网＋”。国务院发布了积极推进“互联网＋”行动的指导意见，建议广泛利用“互联网＋”技术，大力推进农产品供应链各环节资源优化配置，提高农产品流通效率；实现整个供应链的最大价值。“互联网＋”在供应链管理研究中的应用越来越广泛，主要集中在供应链优化、发展模式、可追溯系统、信息管理和监督体系等方面。将“互联网＋”技术与农产品供应链相结合，提高农产品供应链的质量。

（2）农产品供应链管理与物联网技术。国内外对物联网技术与供应链结合的研究还处于起步阶段。在现阶段农产品供应链管理中，物联网技术主要应用于农产品生产环境监测、生产过程控制、库存管理、农产品可追溯性等方面。其中，基于物联网的农产品信息追溯体系建设、库存管理以及提高供应链整体运行效率等方面的研究较为普遍和广泛。例如，在生产环境监测和过程控制方面，安装在农产品生产区的各类传感器实时采集农产品生产环节的各类影响产品质量的参数，同时也使用在加工工厂、储存仓库、物流运输车等农产品加工存储运输环境中及时采集的各类参数，再通过计算机系统实时分析相关数据，根据农产品的质量控制要求远程调控相关参数。在库存管理方面，利用信息无法篡改、真实可靠的特点，可以准确记录农产品库存和物流，实现农产品物流同步跟踪。

（3）农产品供应链管理与区块链技术。2017 年，国务院办公厅印发《关于积极推进供应链创新应用的指导意见》，指出供应链是以客户需求为导向，以提高质量和效率为目标，以资源整合为手段的组织形式实现产品设计、采购、生产、销售、服务全过程的高效协调。促进供应链的创新与应用。在农产品供应链管理中，区块链技术主要应用于信息（数据）管理、质量安全监管及溯源、农产品物流管理等方面。在信息（数据）管理方面，区块链将所有发生的交易信息记录在数据库中并进行保护。针对我国农产品供应链中信息数据存储管理能力弱、被窃取、篡改、删除和信息不一致问题，可以通过引入区块链技术，建立能够衔接农产品生产、运输、消费等相关方在区块链账本上共同记录票据信息和交易信息的农产品供应链数据管理系统。同样也可以引入区块链技术构建衔接生产、加工、运输、消费等环节，应用在农产品质量安全监管及溯源方面，实现整个供应链信息采集、存储和共享的安全、透明，解决了我国农产品供应链数据存储管理能力弱、容易被窃取、篡改、删除的问题。

3. 城乡协调发展下中部地区农产品供应链协同影响因素分析

城乡协调发展下，中部地区农产品供应链的建设是比较重大的课题，而最重要的就是城乡供应链协同发展，需结合城乡供应链的特点及中部地区城乡发展实际情况，确定影响供应链企业的协同因素（黄福华等，2007）。

根据目标的程度不同，与企业的发展类似，影响企业发展的由上而下会有战略目标、管理层目标、基层操作目标，同理我们将影响供应链协同发展的因素分成战略层因素、管理层因素、基层操作因素三类。战略层因素主要是战略目标管理、市场管理。管理层因素包括组织结构、供应链结构。基层操作层因素包括物流与供应链的基础设备设施及运营控制协调。在了解多层次的影响因素后，针对不同的影响因素采取不同的策略，以期实现供应链结构上资源最优配置。

4. 中部地区城乡物流一体化供应链管理协同策略

（1）战略层协同策略。在城乡协调发展的过程中，供应链与物流的整合起着重要的作用。如何有效整合城乡资源，促进中部地区城乡经济共同发展，城乡企业、组织和政府必须从战略的角度对农产品物流和供应链进行战略规划。战略规划可以推动城乡供应链的协调发展。许多城乡供应链企业缺乏供应链管理理念，无法与合作伙伴建立有效的信任机制。这种合作往往是短期的、一次性的、不可持续的、功利的和自私的。当供应链出现问题时，各方都推卸责任。这样，城乡供应链的参与者之间的合作程度很低，整个供应链的效率和效果都很差。因此，统筹城乡发展必须从整个供应链的战略高度，在参与者之间建立良好的战略伙伴关系，制定切合实际的战略目标，着眼长远，积极消除短视。可以依托核心企业建立供应链网络和物流渠道，加强中部地区农产品标准化和物流设施建设，共享物流设备，积极参与供应链协同管理。

（2）管理层协同策略。管理因素包括组织结构、供应链结构等，如何建立中部地区现代产业链组织体系值得思考。首先要考虑企业的组织结构和供应链结构是否符合当前的经济结构和市场需求，如何有效提高城乡物流的流通效率，扩大企业的市场份额，提高企业的竞争力；然后根据产品自身的特点，考虑自身供应链结构是否完整，上下游信息交换是否顺畅，不同供应链结构（反应型供应链和有效型供应链）的制定应考虑如何有效地集中供应商和需求客户，交换信息，改善供应商和供应商之间的信息不对称，避免中部地区农产品滞留现象。

（3）基层操作管理协同策略。基层运营包括供应链各节点企业的运营监控、质量监督和售后服务。为了提高供应链的效率，必须对供应链的设备设施有足够的了解，并具有良好的作业调度协调能力。同时，还要建立中部地区城乡协调供应链信息平台，整合商品生产经营各环节的数据、供需关系、物流等信息服务，加强信息沟通与共享；建立质量监管体系协调城乡供应链，整合商品生产经营各个环节的质量数据，保证整个供应链中商品的质量和安全，让消费者对质量有很好的了解，增强消费者信心，增强供应链的竞争力；改变城乡供应链协同运作模式，在供应链各节点应用精益供应链管理方法和技术，构建供应链质量管理体系。通过回购契约和收益共享契约，可以降低参与者的操作风险，提高供应链的稳定性。

构建中部地区良好的城乡供应链体系是实现中部地区城乡协调发展的主要措施。构建和谐有效的供应链运作模式是增强企业竞争力、开拓农村市场、提高农产品流通效率的重要途径。结合中部地区城乡供应链的特点，了解当前信息技术下供应链的发展和信息技术融合下新型供应链的运用。根据农产品供应链的特点，分析影响供应链协同的相关因素，从战略、管理和基层运作三个层面进行供应链协同的管理对策分析，构建城乡协调发展模式，完善中部农产品供应链，为中部地区城乡经济社会发展提供支撑。

第七章

城乡协调发展下中部地区农村经济系统的重构战略研究

一、城乡协调发展下中部地区“农业技工贸一体化”的新型农村经济系统模型

党的十四大后，发展农村市场经济的潮流开始大幅高涨，它标志着我国中部地区农村改革新阶段的开始。农业市场经济的发展在一定程度上取决于将农业科技成果转化为实际生产力水平的发展。学术界对技、农、贸一体化的确切含义没有明确界定，一般是指促进“技、农、贸”协调发展。

我国中部地区的农业技术推广单位，从单一的技术型推广服务机构发展成为整合技术、农业和贸易的技术和经济实体，这是农业技术体系改革的成功之举。随着科技、农业和贸易一体化的发展和完善，必定会加强农业技术推广服务组织的活力，提升其能力，从而促进农村商品经济极大的进步。中部地区技农贸一体化发展共有“公司 + 农户”、家庭农场、农业电子商务三种模式。

（一）“公司 + 农户”模式

主要是指在有一定实力的加工销售企业的推动下，在农民平等、自愿、互利的基础上，与农民签订合同，通过一定的合作机制，形成利益共同体。通过与农户进行特定形式的合作，形成大规模的生产。企业为农户提供从产前到产后的一系列服务，按照合同规定购买农户生产的产品，建立稳定的供给与销售关系的合作模式。

该模式在农户学习生产技术、规避市场与生俱来的风险以及通过一定规模化的市场经营和增加农户收入方面发挥了积极的作用。

在和公司合作的过程中，农户可以轻松地接触最新的农业生产技术和各种机械化产品、先进的商业模式以及农产品市场信息，这有利于知识网络和物联网网络在农业生产中的发挥，促进了农业产业化的发展。

然而，在这种公司与农户合作关系中，契约双方差距比较大：企业更注重自身经济利益最大化，反而缺乏系统化、集约化服务的理念，这是一种并不会持续的发展模式。注重单一农产品的规模化大批量的生产与销售，这一模式对某些大型农业生产者有效果，也对农业集约化和现代化生产的发展有帮助作用，但在组织和销售多品种、小批量农产品方面并没有突出的优势。

与农户相比，这种模式在资金扶持、人才吸引力、市场垄断和产品定价方面有较大的优势。但是，农户市场经营规模小，资金和技术力量薄弱，势必处于不利的地位。主体状态和信息的不对称导致谈判和决策权的不对称，最终结果是造成利益分配的不均等。一些大的农业龙头企业并没有与农户进行充分的谈判，往往龙头企业的意见起着主要作用，农户被动地接受了企业的意见。假如合同条款不完善，内容不合理、科学，分配方式不清晰、法律文件不规范，则更容易产生纠纷，农户权益势必将得不到保障。

因此，双方地位的不平等是阻碍“公司 + 农户”模式顺利实施的最大障碍。单次合作将使双方很难找到合适的利益平衡点，导致模式实施上大打折扣，难以维持公司与农户的长期合作关系。

（二）家庭农场模式

家庭农场在国内外有不同的定义。从国外的角度看，美国农业部将家庭农场定义为以家庭成员为主要劳动力，采用现代生产经营方式，不聘请管理人员的组织。俄罗斯《家庭农场法》规定，家庭成员是利用自己的土地和其他生产资料进行生产、销售的市场经营者。

首先，中等规模的家庭农场引入了先进的农业生产要素和技术，以及现代化的农场管理模式，以创建专门针对农户的新型商业农场管理组织。这一模式有助于培育和提高大规模集约化农业管理水平，更好地促进现代农业发展。其次，发展家庭农场有利于提高我国农业的核心竞争力。家庭农场实行规模化市场经营战略，农业生产高度专业化、精细化，顺应了生产社会化和经济全球化浪潮，能够显著提升农业产业竞争力和国际竞争力。

它的主要缺点是在小规模、相对封闭的网络环境中，接触新技术，新知识和新途径的可能性较小，这阻碍了其生产能力和效率的提高，并限制了其规模化和专业化的发展。

在生产和管理水平上，生产要素的整合和利用可以实现最大的效率，但是由于家庭农场在经济实力和承担风险能力方面的局限性，只能实现“适度规模”，而非“大规模”。

从价值链的方面看，家庭农场产业价值链较短，呈链状的形式单一而局限的存在。这使它在这一点上能够最大限度地提高农业产业增值效率，但不利于整个农业产业从头到尾、产业化从链到面的发展。

在“技、农、贸一体化”的层次上，家庭农场存在很大的局限性，这就是为什么越来越多的家庭农场忙于寻求科研院所的技术和服务体系的分销渠道以及金融机构的融资支持，因为前者往往无法专业化在产业链后端的技术研发和前端的分销贸易中，很难实现有效的发展延伸和整合。

（三）农业电子商务模式

在电子商务主导的新经济环境下，我国农业开始积极整合互联网和电子商务的双向功能，各种农业电子商务异军突起。有的致力于通过双向物流构建闭环供应链，有的致力于实施封闭平台战略，有的致力于产销一体化战略，积极推进产业融合。所涉及的业务范围很广，包括农村金融、农资服务、农业技术培训、农产品销售、工业品农村销售、休闲农业和乡村旅游，甚至还有针对性的扶贫。它们都是由主要从事贸易业务的电子商务业务领导和驱动，这一模式主要着眼于交易和服务，而技术和生产是他们的薄弱之处。

农业电子商务是从价值链的前端延伸到后端的典型模型，它具有自然的信息敏感性和增值优势，并且在提供服务和平台构建方面比较专业。这种模式通常可以解决出售农产品的问题，但大多数时候，电子商务与农户之间的关系主要体现在产品的购买和交易关系上，而对农产品生产的规模和专业化组织模式无能为力。尽管一些电子商务公司正在开展农业技术培训和其他服务业务，但它们的培训侧重怎样操作和使用互联网这一平台来进行农产品电子商务开发，而非向农户提供专业化农业技术的咨询，这与“公司 + 农户”模型有本质上的不同。

农业电子商务仅改变了农产品贸易之间的关系，并没有从根本上改变农业生产力与生产之间的关系。换句话说，农业电子商务模式在农业现代化过程中的作用是有局限性的。

综上所述，这些模式虽然都是“技、农、贸一体化”的尝试，但并没有真正实现技、农、贸一体化。他们在技术、农业和贸易方面都有自己的缺点。造成这一缺陷的原因是没有一个组织能够有效地组织和整合农业生产中的各种因素、多种利益和环节。

（四）技农贸一体化与“互联网 + 农业”模型

随着互联网技术的飞速发展，“互联网 + 农业”模式逐渐成为传统农业向新农业转变的重要模式。从消费者到农产品经销商再到农产品生产者，互联网正在逐步向上游赋能，互联网、物联网、大数据等技术开始引导农民生产，全面进入养殖、种植、施肥、灌溉、收割等环节，从而推动“精准农业”的形成。

研究表明，当前“互联网 + 农业”模式已成为推动农业科技服务发展、加快农业科技成果转化、促进农民“创业创新”发展的新模式。

1. “互联网 + 农业”的定义

国务院在《关于积极推进“互联网 + 农业”行动的指导意见》（国发〔2015〕40 号）中提出了“互联网 + 农业”的新理念，要求利用互联网技术提高农业生产、市场运作、管理和服务水平，培育新型网络化、智能化、精细化的现代种植业生态农业模式；形成农业示范带动效应，加快完善新型农业生产经营体制，培育多样化农业。农业互联网管理服务模式，逐步建立农副产品和农资质量安全可靠的可追溯体系，推动农业现代化水平显著提高。

“互联网 + 农业”是农业信息化发展的新阶段。在新的技术条件和产业政策背景下，实现了农业信息化的新发展。其实质是利用互联网等信息技术突破传统农业生产经营模式的局限性，降低农产品市场的信息不对称程度，提高生产市场的运行效率，进而提高农业生产效率。

“互联网 + 农业”是指在农业生产和经营的各个阶段，引入信息和通信技术以及互联网系统，利用互联网集成与农业生产和经营相关的资源，创新性地利用农业大数据信息，以及转变传统农业生产和市场经营模式，形成农业发展新生态，进而实现农业生产的现代化（见图 7 - 1）。

2. “互联网 + 农业”的内涵

“互联网 + 农业”包括了农业生产中的五个主要环节，分别是生产环节和物流流通环节、销售环节、业务决策环节和管理环节。传感器技术、识别技术，可追溯系统、大数据等技术被应用于不同的环节，提高了农业生产效率和农产品质量的发展。

“互联网 + 农业”中所涉及的信息和通信技术，包括数据传输技术、产

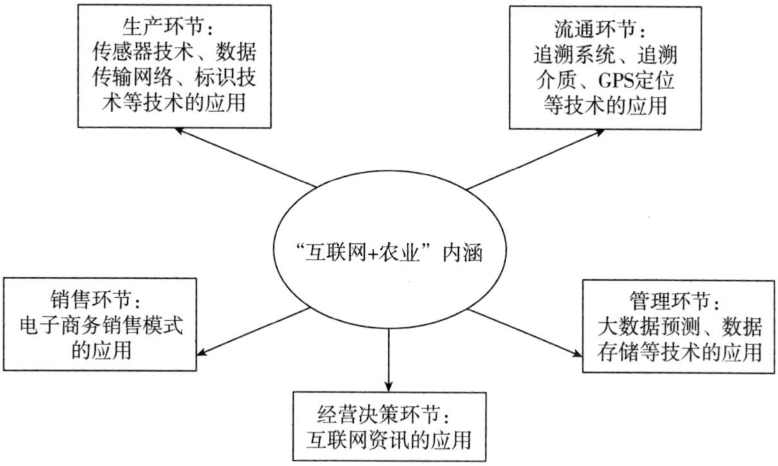

图 7-1　“互联网+农业”

品标识、传感器技术和识别技术、数据存储技术、控制技术、视音频传输和特征提取技术等。

“互联网+农业”所涉及的生产和运营资源包括土地和水等自然资源，肥料、种子和幼苗等生产资料，设备和车间等固定资产以及信息和技术等无形生产要素。

“互联网+农业”是农业信息化发展阶段的新兴阶段。在新一轮技术条件与新的产业政策的背景下，农业信息化取得了长远的新发展。

二、中部地区新型农村经济系统运行的实证研究

（一）我国“互联网+农业”在农业产业升级中应用现状

1. 互联网普及程度低

农村互联网基础设施建设还比较薄弱。农村地区有 5 万多个行政村，

还没有安装宽带或其他网络的覆盖。仅仅不到30%的农户拥有计算机，农村地区互联网普及率不到30%，70%以上的农民不能使用互联网（见图7-2）。从图7-3可以看出，与欧美等发达国家相比，我国互联网普及率相对较低。中部地区农村的互联网普及率仅为发达国家的8%左右，这使农户对互联网的理解和应用产生了比较大的影响。由于农村地区互联网普及率低，无法有效地应用先进的农业生产和农产品管理手段来调整农业产业结构。

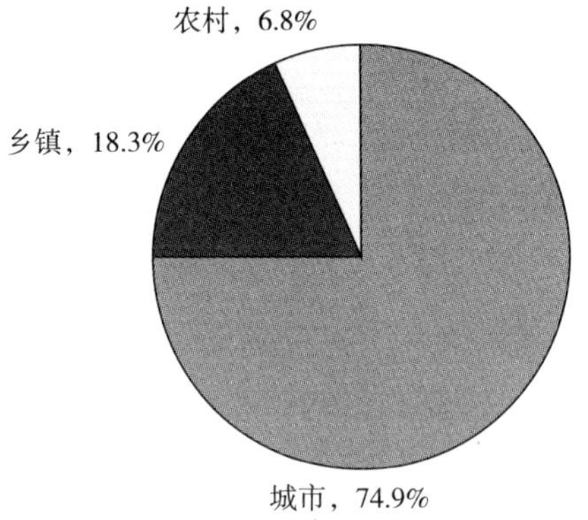

图7-2　我国互联网不同地区应用程度

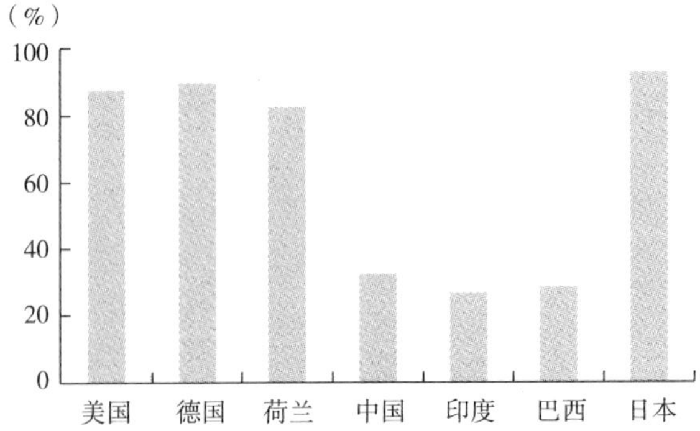

图7-3　不同国家互联网普及率

2. 农业信息数据库建设不完善

长期研究表明，农业生产和产业结构的信息记录主要以纸质记录为主。由于中部地区农村互联网基础设施建设不完善，不能有效整合我国农业生产的相关农业信息，导致我国互联网农业信息化建设时间短、内容不完善。根据2015年农业信息化建设情况调查，中部地区农村农业信息化互联网建设始于1990年，而1990年以前的农业信息化主要依靠纸质记录。

3. 农业从业者的职业素质仍待提高

“互联网+农业”是结合互联网技术和传统农业生产的新兴农业生产的市场经营模式，对从业人员的职业素质要求比较高。通过调查发现，如今尽管高校拥有计算机和互联网专业，但是互联网与农业的交叉融合较少，并且对中国传统的农业和互联网技术整合过程产生的影响并不大。由于缺少“互联网+农业”的专家，导致“互联网+农业”的发展速度较缓慢，进而影响“互联网+农业”的发展。

（二）我国“互联网+农业”在产业升级中的应用前景

农业产业结构的有效调整必须建立在对农业生产和农产品销售的深入分析和充分认识的基础上。依托互联网强大的信息集成能力和分析大数据的能力，“互联网+农业”可以分析某一地区农业生产、气候条件和农业经济效益的因素，探索传统农业产业的弊端并加以改进，促进传统农业产业结构的合理有效调整，以实现可持续健康发展。“互联网+农业”是农村第一、第二、第三产业的整合、推广和重组，是农业产业链的延伸。这种农业形态的多功能发展和农业产业的持续规模化是促进农业发展的有效途径。

1. 发展“互联网+农业”有助于生产端的智能化与标准化

根据我国国情和社会发展的总体现状以及互联网的不同发展程度，我国中部农村地区在农业生产领域的智能化发展，当前仍然处于比较落后的阶段。在传统的农业生产上，我国中部农村大多数地区仍处于初级生产的耕作模式，智能化农业生产水平仍然较低。我国与发达国家在相关领域的差距正在扩大。尽管近年来互联网技术已逐渐在农业生产中普及，但总体应用水平并不高。在农业生产方面使用互联网技术是“互联网+农业”的重要体现。通过计算机控制，农户可以通过数字监控种植、灌溉、病虫害防治以及农产品包装，销售和运输标准化选择农产品等各个环节，从而实现一键式操作和智能化管理。借助互联网技术，实现了农业生产规范化和科学化控制，使得整个农业生产过程更加规范。

2. “互联网+农业”可以促进农业产业化发展

实现农业产业化发展是解决“三农”问题，促进农业生产社会化发展的重要举措。实现农业产业化的发展需要专业的农业生产和大规模的基于信息端的农产品销售。在传统环境下，实现这种发展要求政府投入大量的扶持资金，但效果往往不佳。

“互联网+农业”是现代生产技术与农业生产相结合的模式。它可以实现农产品销售的现代化、组织化和规模化，减少农业产业销售和市场运作效率低下的问题，在销售中促进农业发展。

这种模式因其针对性的商业模式和适合当地情况的农产品供应体系，已经成为扶贫的新途径和实施“精准扶贫”的重要组成措施，扶贫效果更加突出。一方面，“互联网+农业”创建了“互联网+扶贫”示范区，促进了贫困地区特色农产品的销售，实现了产业和农户的双扶贫。截至2016年8月，全国贫困县中，有200多个贫困村建立了淘宝村，农村网上商店创造了超过2000万个就业机会，增加了农户收入大约100亿元。许多农户已经使用“互联网+农业”这种模式来创业和致富。截至2016年底，京东已在832个贫困县中增加了约5000商户，同比增长了78%，并在贫困地区推出了近200万种产品。京东的自营和特色产品展厅，已协助12个国家级贫困县发展了当地的重点产业。另一方面，这种模式开创了大规模就业的新领域，并减轻了农户贫困状况。截至2016年8月，全国共有1311个淘宝村开展了超过30万家在线商店，每家新的在线商店平均可创造2.8个直接就业的机会。

3. 发展"互联网+农业"有助于构建新型购销体系

"互联网+农业"给传统农业模式带来革命性的变化，买方和卖方在信息获取、购买和销售、选择等方面有更多自主选择的权利。大多数消费者会直接去购物中心、超市、农贸市场和其他地方，所以买卖双方在产品的选择、营业时间和地点方面的选择有较大的限制。

"互联网+农业"的发展有助于建立一种新的购销模式，互联网技术和农业的结合将产生许多类型的电子商务平台，不同类型的电子商务平台为买家带来更多不同的选择。它为消费者在购买时间、购买方式、商品种类、货源等方面提供了更多的选择。此外，随着电子商务和畜牧业的发展，一些洋食材和淡季蔬菜逐渐进入更多人的生活，价格也越来越便宜。"互联网+农业"改变了消费者的地位，赋予了他们更大的自主性和选择权，并占据了更大的市场。

传统的营销模式贯穿从生产者到消费者的多个中间环节。农产品公司、农产品经销商和农户可以利用农产品电子商务平台在线销售农产品。这些平台通过交易、支付、分销等多个环节实现一站式服务，降低了中间环节和交易成本。同时，互联网加快了农产品信息的传播，有效地解决了农产品从生产到销售阶段信息不对等的问题，从而使农户损失最小化。

4. 组织模式创新带来产业链变革

（1）使中介功能减弱，中介成本降低，农业生产者与农业市场经营者和消费者直接联系的机会增加。农产品电子商务平台和农业产业共生发展平台的推广和应用，有助于农产品生产商获得更多的市场价格信息和需求信息（见图7-4）。农产品生产者可以找到合适的农产品市场经营者（购买者），而消费者在缺乏信息的情况下通过中介（中间商）寻找农产品的购买者时，可以规避议价能力弱和中介费高的困境。

农业供应链减少或消除了更多的中间环节，同时减少了沟通时间，减少了农产品周转环节，减少了影响农业生产者利益的中间环节，提高了农产品的供应效率。另外，中间费用的减少或消失，使农业生产者的收入增加。

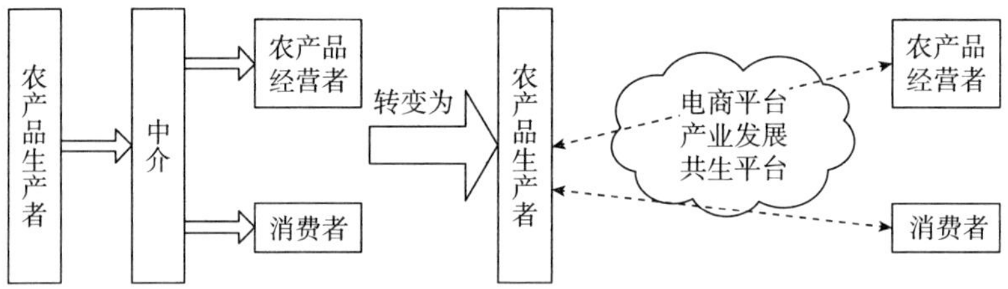

图7-4　农产品电子商务平台和农业产业共生发展平台应用

农产品生产者可通过农产品市场经营者和消费者之间的联系，及时地传达市场端的需求和价格信息，并及时优化生产和市场经营策略，进而减少生产计划的盲目性。

（2）产业链各个环节之间的关系更加紧密，合作关系更加规范。通过整合优秀的农业企业、电子商务平台和互联网平台等力量，加入组织模式的农业生产者和市场经营者具有明确的职责和功能。此外，订单、合同和信用积累之类的载体，可以改善生产、管理和经营行为，并紧密连接产业链的所有环节。

通过传感器、物联网和大数据技术的运用，可以实现农业生产和市场运行数据的按特定模式共享。产业链相关各方可实时获取相关数据，及时协调农业生产经营计划。

（3）产业链整体的市场经营效率和抗风险能力提高。农产品生产商和运营商还可以使用物联网和大数据服务，更全面地了解其生产和运营以及外部市场的状况和趋势，以及潜在的未来风险。借助特定的算法和模型，大数据可以提高决策的准确性，减少生产和计划的盲目性，有效地使用相关资源，并提高生产和运营效率。大数据服务还可以预测风险，促使农业生产者和市场经营者采取相应的预防措施以减少损失。

三、中部农村地区新型农村经济系统运行的保障体系研究

（一）加大“互联网+农业”发展力度

与国外发达国家相比，中国在互联网技术和农业发展方面的人力资源交叉培训体系尚未建立，“互联网+农业”专家短缺。因此，有必要建立一种新型的农户教育培训体系，构建基于“互联网+农业”的农民专业培训虚拟教育环境。通过“互联网+农业”培养大批专业人才和实用人才。

首先，通过在高校建立“互联网+农业”与农业的交叉学科，促进相关人才的培养，建立从实践研究到理论综述的综合系统，培养合适于我国农业的专业化人才。其次，引进国外的专业技术人员，指导当前的“互联网+农业”产业结构优化调整，对相关人员进行系统化培训，加快相关人才的知识储备和实践能力的培养。最后，加强智慧农户的云系统研发建设，研发基于智能终端的专业化新型农户培训教育系统，如在线课堂、互动教室、认证考试等，实现新型专业化农户的线上和线下培养。带动更多农户走进“互联网+农业”领域，实现全领域范围内的人才互动和流通。

（二）提高农村地区网络服务水平

“互联网+农业”是一项重大的技术创新，将不可规避地经历两个阶段：新兴产业的兴起和各个领域应用的发展。“互联网+农业”不能跨越农村农业信息基础设施被广泛采用的阶段。因此，加强互联网基础设施建

设和增加互联网普及率是现阶段政府工作的重点。

首先，在国家级引入相关政策，并整合中国移动、中国联通和中国电信等运营商，以提供政策扶持和财务扶持，建立健全完善高效的农村互联网基础设施，开展“宽带中国”战略实施的计划，实现“乡村之间的宽带通信”。

其次，针对适合农户特点，研发低成本智能终端，并且进行普及推广。在水稻、玉米、海鲜、奶牛、蔬菜和花卉等作物地区，在全国范围内选择主要的农业生产区、开垦区和现代化农业示范区。为推广物联网应用并依靠宽带项目进入村庄和家庭，建立农业信息共享系统和服务追踪体系，将农户、市场和消费者置于共享开放的平台上，并进行沟通和互动，促进微观市场的发展，也为政府提供了进行宏观调整的机会。

最后，遵循“大数据”原则，重点发展农业云技术，建立国家农业数据研究与应用中心，鼓励大型农业产业化企业、电子互联网企业、运输物流企业和行业协会开展农业云技术研究整个信息产业链涵盖农业的收集、加工、储存和分析，并推动了“互联网+农业”的国内外发展，数据产业应用服务。

（三）健全与“互联网+农业”相关的标准体系建设

我国与“互联网+农业”有关的技术服务标准和产品质量标准尚未完善，缺乏大规模的具有约束力的国家或地方标准。现有标准主要由公司研发制定，其功能主要是与行业或其他行业绑定，以提高其产品的可靠性。

农业主管部门应该联合行业协会或农业产业联盟，改进“互联网+农业”相关标准体系的建设，将技术服务标准与农业质量标准联系起来，创建可以指导农户和公司的生产和市场经营活动，以及制度层面的严格标准，保证农产品的质量和安全。

此外，农业主管部门还将重点建立全国农业生产环境和农产品质量追溯体系，在监管和追溯方面运用云计算、大数据等信息技术，避免农产品欺诈行为的发生。

（四）建立健全农产品电子商务相关法律法规

互联网的发展正在逐步达到国家水平。李克强总理在政府工作报告中宣布了“互联网+农业”的规划方案，将会有更多人参与“互联网+农业”的发展。

电子商务作为互联网的主要战场，网络安全和其他问题仍然对个人和公司造成了不同程度的安全风险，该领域的法律法规也正在被引入出台。但是总体来说，相关法律太少了，特别是在农产品方面，与电子商务有关的法律更少。一旦发生法律纠纷，企业的正常市场经营受到影响，农户维权更加困难。因此，我国必须尽快完善有关法律法规。

（1）国家应增强立法力度，并加快审批程序。互联网的发展瞬息万变，法律应更具前瞻性，并应继续适应社会的发展。

（2）在制定法律法规时，有关部门需要加强相互沟通，在法律权力和职责范围上保持统一，以防止审判标准的不同和执法过程中更多问题的发生。

（3）有关部门应当补充现行跨部门的法律，在空白区域加强立法，防止罪犯利用法律漏洞，损害相关人员的权益。

（4）政府部门要通过多种渠道不定期地宣传农商企业和农民的法律制度，让更多的人知法、懂法、守法，把违法行为扼杀在摇篮里。最后，政府要加强对网络的监管，打击网络欺诈和黑客，营造安全的网络环境。现阶段，食品安全问题时有发生。涉农电子商务，企业和个人要严守法律底线，从源头上斩断食品安全隐患的根源，市场经营者要从思想上认识其严重性，对人民健康负责。电子商务企业在守法的同时，也要加强自律，建立自己的规章制度，建设自己的文化。此外，还应建立电子商务联盟，规范行业，防止恶性竞争，诚实守法。

四、中部地区新型农村经济系统运行的激励体系研究

（一）创新人才培养并组建新农户队伍

政府应遵循“地方人才培养，地方人才回流”的原则，采取“市农业部门牵头，社会培训机构负责落实”的培养模式。“互联网＋农业”是互联网与农业的深度融合。因此，对人才的需求高于以往任何形式的农业发展。它要求员工具有较高的信息技术水平，员工必须对农业组织、生产经营有深刻的认识，需要培养熟悉农业和网络的复合型人才。

因此，现阶段必须在中央政府的扶持下，依靠“阳光工程”、“雨露计划”等项目载体，开展多方面、多领域、多层次的信息建设与技能培训，以提高农户使用互联网技术开办企业和增加收入的能力。使用远程教室、广播教育等，利用一切可利用的媒介来培养信息技术，努力使图片和文字、图像生动，简单易懂，从而提高农户的文化素养。

同时，培训部门要结合实际和市场，重点研究编写一套实用的理论和实践教材，如编写微博营销、微信营销等书籍。加快培养适应农业发展需要的具有创新能力的复合农产品电子商务人才。鉴于电子商务人才的严重短缺，政府应该保障并扶持建立当地农产品互联网产业基地，建立互联网人力资源研发中心，提供相关服务以满足园区内电子商务公司的需求。例如，提供在线的客户服务、运营与推广、平台的建设、物流管理等方面的职位，吸引尽可能多的高素质专业人才回国，扎根故乡，并在农村地区从事“互联网＋农业”活动，提高农村的整体信息知识水平。

（二）充分提高农业人员的创新能力和综合能力

在“互联网+农业”的背景下，要更大地提升农业产业的经济效益，促进农业科技的发展，就需要充分创新农业从业人员的工作思想和方法，提高农业人员的素质和效率。因为优秀的农业人才可以为农业工作提供必要的人才扶持，促进农业的高质量，高效率发展，进一步促进农业经济增长。同时，有关农业技术部门需要及时不断地培训和学习，强化互联网培训，加强农业从业人员的知识和技能，以适应时代的发展和进步，不断为农业提供高素质的人才，以确保农业技术水平。

相关农业人员也要积极响应部门号召，积极参加农技部门组织的网络培训活动，自觉提高自身业务能力和综合素质，为农业经济增长做出贡献。因此，农业工作者需要不断创新农业工作思路和方式，掌握网络技能，从而进一步提高农业综合水平，提高农民经济收入，保障农业经济效益。

参考文献

[1] 姜晔，吴殿廷，杨欢，岳晓燕．我国统筹城乡协调发展的区域模式研究［J］．城市发展研究，2011，18（2）：42－47，93.

[2] Lu Chan，Shi Lei，Zhao Xianchao，Li Wei，Gustavel Quinn. Evaluation and Planning of Urban Geological and Ecological Environment Quality［J/OL］. Arabian Journal of Geosciences，2021（14）：71，https：//doi. org/10. 1007/s12517－020－06335－1.

[3] 李盼．长江经济带城乡协调发展水平测度与影响因素分析［D］．江西财经大学，2018.

[4] Devvarta K. School Mental Health Program in India：Need to Shift from a Piecemeal Approach to a Long－term Comprehensive Approach with Strong Intersectoral Coordination［J/OL］. Indian Journal of Psychiatry，2021，63（1）. http：//www. indianjpsychiatry. org.

[5] Tang Daizhong，Li Baorui，Qiu Yuan，Zhao Linlin. Research on Urban and Rural Coordination Development and Its Driving Force Based on the Space－time Evolvement Taking Guangdong Province as an Example［J］. Land，2020，9（8）：253.

[6] 孙铮．我国城乡协调发展的综合评价与对策［D］．西北师范大学，2015.

[7] 郑晓欣．我国典型城市群"城—乡"协调发展的关系及演变［D］．中国地质大学（北京），2016.

［8］韩丽英．我国城乡关系协调发展问题与对策研究［D］．新乡医学院，2016.

［9］廖重斌．环境与经济协调发展的定量评判及其分类体系——以珠江三角洲城市群为例［J］．热带地理，1999，19（2）：172－174.

［10］Zhang Xinyu. Research on Optimization of Fresh Food E－commerce Distribution Links Based on Big Data Technology［J］. Frontiers in Economics and Management，2021，2（2）.

［11］徐晓庆．长江经济带农村三产融合对农村经济发展的影响研究［D］．重庆工商大学，2020.

［12］高建华．新时代发展壮大农村集体经济研究［D］．辽宁大学，2020.

［13］杨平．基于供应链的湖北农产品物流服务体系研究［D］．华中农业大学，2008.

［14］Chen Mingyu，Song Xiang，Lv Panpan，Qi Chunxuan，Feng Hai－Tao，Tang Benzhong. A Novel Fluorescence Tool for Monitoring Agricultural Industry Chain Based on AIEgens［J］. Chemical Research in Chinese Universities，2021（prepublish）.

［15］董莹．全要素生产率视角下的农业技术进步及其溢出效应研究［D］．中国农业大学，2016.

［16］喻登科，彭静，刘彦宏，肖欢，周荣．国内外农业技术扩散研究的趋势分析与热点比较［J］．农业图书情报学刊，2018，30（2）：6－17.

［17］侯胜鹏．中部地区现代农业的发展模式及运行机理研究［D］．湖南农业大学，2013.

［18］沈琼．新常态下中部地区增长率分化与发展现代农业的思考［J］．社会科学家，2016（4）：72－76.

［19］李谷成，范丽霞，冯中朝．资本积累、制度变迁与农业增长——对1978～2011年中国农业增长与资本存量的实证估计［J］．管理

世界，2014（5）：67－79，92.

［20］熊桉．农业科技成果转化：从外生向内生转变的机制与模式研究［J］．农业技术经济，2019（11）：83－92.

［21］陈夏莉．我国农业推广体系现状、存在问题与对策建议［J］．广东农业科学，2011，38（16）：175－177.

［22］丰延东，佘茂艳，陈劲．基于乡村振兴背景下的我国农业专利产出、转化及作用研究［J］．软科学，2020，34（4）：1－6.

［23］李争，郭丽兰，杨俊．社会网络对农业技术扩散影响的研究综述［J］．老区建设，2019（10）：90－96.

［24］王江．产业技术扩散理论与实证研究［D］．吉林大学，2010.

［25］董君．农业产业特征和农村社会特征视角下的农业技术扩散约束机制——对曼斯菲尔德技术扩散理论的思考［J］．科技进步与对策，2012，29（10）：65－70.

［26］夏刊．我国农业技术推广运行机制研究［D］．中南大学，2012.

［27］张红宇．大国小农：迈向现代化的历史抉择［J］．求索，2019（1）：68－75.

［28］龚锐，谢黎，王亚飞．农业高质量发展与新型城镇化的互动机理及实证检验［J］．改革，2020（7）：145－159.

［29］李晓江，尹强，张娟，张永波，桂萍，张峰．《中国城镇化道路、模式与政策》研究报告综述［J］．城市规划学刊，2014（2）：1－14.

［30］姜睿清．基于产业融合的江西农业产业结构优化研究［D］．南昌大学，2013.

［31］贾全明．从城乡分离到城乡融合：中国道路及其实践模式［D］．华中师范大学，2012.

［32］沈力钧．农业科技创新与技术扩散机制分析［J］．农村经济与科技，2020，31（4）：21－22.

［33］李冰．农村社群关系、农业技术扩散嵌入“三产融合”的路径

分析［J］．经济问题，2019（8）：91－98.

［34］彭荣胜．中部地区农村塌陷的特征、空间分异与崛起策略［J］．经济问题探索，2005（12）：97－100.

［35］金露．中国城乡教育不公平对城乡居民收入差距的影响研究［D］．东北师范大学，2019.

［36］李登昌．乡村振兴战略背景下农村经济发展现状及对策研究［J］．现代农业研究，2019（7）：18－19.

［37］王吉平．乡镇行政发展的路径选择——基于农村社会环境视角［J］．陕西理工学院学报（社会科学版），2006（1）：20－24.

［38］王津津．新中国60年农村经济组织制度变迁及绩效研究［D］．西北大学，2014.

［39］欧继中．新时期我国新型农村经济合作组织研究［D］．武汉大学，2010.

［40］王湘琳，邱玮．城市化进程下的上海市农村经济组织研究［J］．改革与战略，2010，26（8）：97－99.

［41］温明振．有机农业发展研究［D］．天津大学，2006.

［42］余睿．订单农业中非稳定性合约的博弈分析［J］．21世纪：理论实践探索，2010.

［43］郭祥玉，许静波．农村经济组织建设的博弈研究［J］．商业研究，2009（1）：142－144.

［44］张曼曼，贾伟强．能人带动型农民合作社发展的系统研究［J］．系统科学学报，2018，26（1）：82－85.

［45］龙齐阳．农民专业合作经济组织发展问题研究［D］．国防科学技术大学，2006.

［46］李剑．江西农民专业合作经济组织的生成与发展机制研究［D］．南昌大学，2012.

［47］赵贵宝．提高典型示范的标准与水平 促进农民专业合作组织健康发展［J］．理论导刊，2004（11）：48－49.

［48］张昌良．我国中部地区农业经济合作组织发展思路探析［J］．广东农业科学，2009（8）：333－335.

［49］Rutti R M，Garcia F，Helms M M. Entrepreneurship in Peru：A SWOT Analysis［J］．International Journal of Entrepreneurship and Small Business，2021，42（3）．

［50］Rachid G，Alameddine I，El Fadel M. SWOT Risk Analysis Towards Sustainable Aquifer Management Along the Eastern Mediterranean［J］．Journal of Environmental Management，2021（279）．

［51］李干琼，李欣，赵龙华，许世卫．农业供应链管理研究进展综述及展望［J］．农业大数据学报，2020，2（3）：3－12.

［52］刘倩雯．浅析互联网背景下的农业供应链商业模式［J］．现代商业，2020（29）：11－12.

［53］姚晨静，刘中奇，宋莎．“互联网＋”背景下陕西省农产品物流发展对策研究［J］．中小企业管理与科技（上旬刊），2020（10）：24－25.

［54］李嘉祺，王淑慧，王志文，杨昊楠．农产品跨境电商供应链绩效评价研究文献综述［J］．中国市场，2020（22）：174－177.

［55］陈建斌．生鲜电商农产品供应链质量管理的演化博弈研究［D］．燕山大学，2020.

［56］张艳荣，孙家媛，孟令跃，刘岩．黑龙江省电子商务模式下生鲜农产品质量安全三方监管博弈问题分析［J］．北方园艺，2020（10）：145－149.

［57］罗小凤，方蔚琼．构建互联网＋农村物流配送体系的思路［J］．现代企业，2020（3）：127－128.

［58］纪良纲，王佳淏．“互联网＋”背景下城乡商贸流通一体化模式研究［J］．经济与管理，2020，34（2）：77－84.

［59］刘文图，庄宇铮，许冰冰，孙丽丽，许安心．“互联网＋”背景下林产品供应链模式优化研究［J］．物流工程与管理，2020，42（2）：

85－87.

［60］王凯旋，杨玉中．绿色农产品供应链绩效评价的灰色聚类——模糊综合模型及应用［J］．数学的实践与认识，2020，50（2）：111－119.

［61］德新玲，杜学敏，李萍，赵倩儒，李猛杰．城乡物流一体化背景下供应链协同管理研究［J］．物流科技，2020，43（1）：147－148，154.

［62］胡青华．新时代"互联网＋"农产品供应链体系的构建研究［J］．三门峡职业技术学院学报，2019，18（4）：131－135.

［63］惠国安．政府监管下基于农产品安全的批发市场与供应商博弈分析［J］．现代经济信息，2019（21）：327－329.

［64］李庆，施韬，徐光耀，魏建美，卢慧，聂园英．江西"互联网＋农产品市场交易"机制构建研究［J］．农村经济与科技，2019，30（15）：175－176.

［65］吴取芳，于蕾．基于 DEA 方法的安徽省"农超对接"模式供应链绩效研究［J］．现代商贸工业，2019，40（27）：37－39.

［66］安明明．农产品质量安全政府监管的博弈分析［J］．经营与管理，2019（8）：12－17.

［67］赵欣．"互联网＋"背景下山西省农产品 F2F 电商模式及其发展策略研究［J］．江苏商论，2019（6）：22－24.

［68］贾圣强．中部地区农产品物流效率及其影响因素分析——基于超效率和 Tobit 模型的实证［J］．商业经济研究，2019（11）：158－160.

［69］李慧．"互联网＋"背景下对农业物流管理的影响研究［J］．商场现代化，2019（1）：37－38.

［70］徐鑫，詹文莲，邹伟．农产品质量安全控制下"农超对接"主体间博弈分析［J］．怀化学院学报，2018，37（12）：24－27.

［71］徐蒙．中部地区农产品物流效率及影响因素研究［D］．河南农业大学，2018.

［72］李洁云．生鲜农产品生产与物流运输的演化博弈分析［D］．昆明理工大学，2018.

［73］杨阳．城乡一体化背景下农民合作社主导的农产品物流模式研究［D］．江苏大学，2018.

［74］弓宪文．城乡物流有序度及耦合协调度研究——基于 2000～2015 年统计数据［J］．湖南农业大学学报（社会科学版），2018，19（1）：87－94.

［75］朱立龙，郭鹏菲．政府约束机制下农产品质量安全监管三方演化博弈及仿真分析［J］．系统工程，2017，35（12）：75－80.

［76］严明敏，高亮．基于静态博弈选择第三方物流企业的研究［J］．中国市场，2017（15）：244－245，280.

［77］关洪军，孙伟康．农产品供应链封闭化运行模式与整体绩效研究［J］．黑河学院学报，2017，8（5）：25－26.

［78］郝彩林．农产品物流发展的 SWOT 分析——基于山西地区［J］．物流工程与管理，2017，39（4）：124－126，129.

［79］姚冠新，何勇，边晓雨．基于演化博弈的新型农产品批发模式构建问题探讨［J］．商业经济研究，2016（17）：144－146.

［80］张曙红，王岚．基于第三方物流的绿色农产品供应链协调博弈模型［J］．物流工程与管理，2016，38（1）：77－80.

［81］郭雄攀．B2C 电商企业自建与外包物流配送模式选择的博弈分析［J］．商场现代化，2015（21）：66－67.

［82］王晓倩．河南省生鲜农产品供应链绩效评价研究［D］．河南农业大学，2015.

［83］侯玉梅，刘力卓，李明芳．河北省生鲜农产品供应链模式及其分析——以秦皇岛地区为例［J］．燕山大学学报（哲学社会科学版），2012，13（1）：67－71.

［84］李娟，傅少川．我国农产品供应链模型的构建及博弈分析［J］．物流技术，2009，28（8）：108－111.

［85］刘宝．协调城乡物流发展，构建城乡一体化物流［J］．经济研究参考，2008（42）：36－37.

［86］刘涛．基于博弈模型的物流运输方式选择及其应用［D］．武汉理工大学，2008.

［87］杨平，乔雯，易法海．农产品物流市场结构的博弈分析［J］．华中农业大学学报（社会科学版），2007（3）：28－31.

［88］周敏，黄福华．中部地区城乡协调发展的共同物流模式研究［J］．湖南商学院学报，2007（2）：44－48.

［89］黄福华，单圣涤，蒋馨．试论中部地区零售企业城乡协调发展的共同物流对策［J］．商品储运与养护，2007（1）：14－16.